心寬世紀

時代女性黃蔡寬的故事

（攝影／黃筱哲）

▲黃蔡寬與四個子女合影。（照片／黃蔡寬提供）

▲黃超群先生
（照片／黃蔡寬提供）

▲黃蔡寬（右二）接受模範母親表揚、肯定。（照片／黃蔡寬提供）

▲黃蔡寬全家福，現今已子孫滿堂。（照片／黃蔡寬提供）

▲黃蔡寬（左二）接受優良助產士表揚。（照片／黃蔡寬提供）

（照片／黃蔡寬提供）

▲1953年世界衛生組織婦幼看護訓練班，受訓結訓與衛生署長合照；後排左五為黃蔡寬。（照片／黃蔡寬提供）

▲六十歲，已從助產士生涯退休。（照片／黃蔡寬提供）

▲環遊世界。（照片／黃蔡寬提供）

▲黃蔡寬和同期受證的法親合影，三十年來四人攜手同行，至今仍精進於慈濟菩薩道。（照片／彰化分會提供）

▲黃蔡寬接受上人授證，三十年來以佛心師志仍精進於慈濟菩薩道。（照片／黃蔡寬提供）

▲慈濟三十周年慶，臺中分會十周年靜態展，彰化委員齊聚在臺中民權會所二樓展館合影留念。（照片／彰化分會提供）

▲黃蔡寬七十歲認識慈濟，七十四歲受證慈濟委員，積極投入志工行列，活出精采的晚年。（攝影／黃筱哲）

▲當諮詢志工的黃蔡寬，非常用心地為來賓介紹社區大學課程。（照片／彰化分會提供）

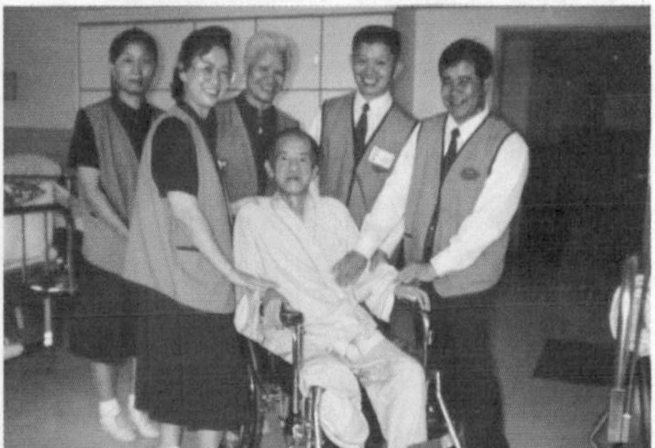

▲黃蔡寬長期投入醫療志業，健朗又樂觀的銀髮長者所帶來的關懷，總能鼓勵病患積極面對病痛的考驗。（攝影／黃筱哲）

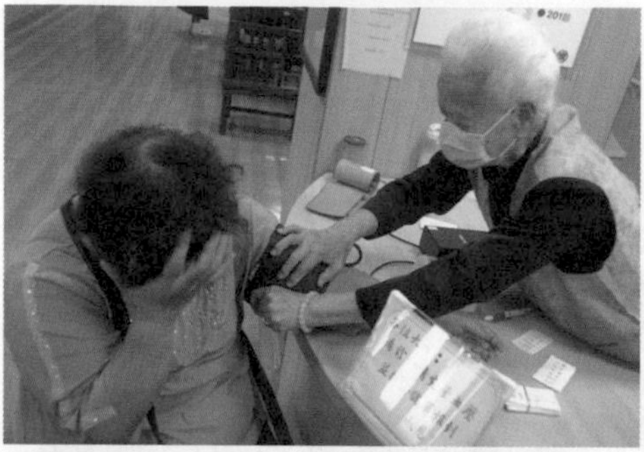

▲曾在衛生所工作、又是資深助產士，黃蔡寬擔任醫療志工得心應手，但仍時時勉勵自己要用心學習。（攝影／林義澤）

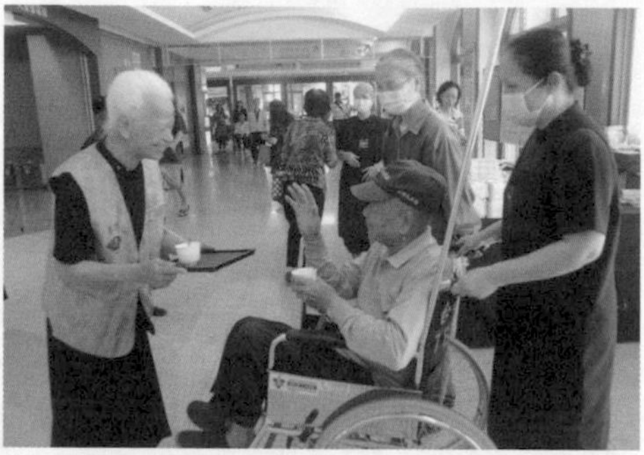

▲黃蔡寬到臺中慈院做志工，親手為會眾奉上一杯熱茶，讓人備感溫馨。（攝影／林義澤）

▲個案訪視時，黃蔡寬（左二）應案家請求，鼓勵其行動不便的兒子。（攝影／黃筱哲）

▲專注當下，黃蔡寬歡喜做香積。（照片／彰化分會提供）

▲燦爛笑容和爽朗笑聲，是黃蔡寬的註冊商標，與她共事相處，如沐春風生歡喜。（照片／彰化分會提供）

▲骨捐宣導隊伍浩蕩長，從員林火車站出發，沿街走入人群，救人一命，無損己身。高齡九十八歲的黃蔡寬（右）也在隊伍中，與大家一起上街頭宣導。（攝影／張瑞鐘）

▲投入環保志工，黃蔡寬用心地將回收的報紙折疊整齊並綑綁。（攝影／邱祥山）

▲早期，黃蔡寬拖著兩輪的買菜車，到八卦山運動時順手做環保。（照片／彰化分會提供）

▲百歲人瑞的黃蔡寬，依然頭腦清明、身形俐落，積極參與環保志業，善盡生命良能。（攝影／林義澤）

▲彰化慈濟人於十月七日精進日，為了響應上人為印尼祈福，大家齊心募心募愛。百歲人瑞黃蔡甯師姊以愛傳愛存心靈財富，投入竹筒，齊為印尼災難付出。（攝影／簡淑絲）

▲慈濟人參與 1999 年 10 月 31 日南投慈濟大愛一村、二村，啓用典禮。（照片／彰化分會提供）

▲黃蔡寬向林玉梅師姊學習靜思茶道。（照片／彰化分會提供）

▲黃蔡寬以虔誠恭敬的心，跟著朝山隊伍三步一跪拜，專注禮誦佛號。（攝影／簡淑絲）

▲黃蔡寬示範靜思茶道——行茶禮法。（照片／彰化分會提供）

▲2015年，九十七歲的黃蔡寬演出手語經藏演繹，莊嚴又動人。（攝影／張國強）

◀彩排經藏演繹，黃蔡寬展現精準敏銳的最佳道氣，背後是千百次的磨練與堅持。（攝影／張國強）

▲走過百歲，黃蔡寬鼓勵大家跟著自己一起「佛心師志信願行」！（攝影／林義澤）

▲在子女眼中，母兼父職的黃蔡寬，多半時間是「嚴父」。長期薰法香、聆聽上人法語，讓她成為最慈藹的長者，圖為長子景堂擁著她，留下溫馨的母子合影。（攝影／黃筱哲）

▲九十二歲開始學習使用電子書勸募本，黃蔡寬經常以自己為例，勉勵別人不要因為年紀大而害怕學習新事物。（攝影／黃筱哲）

目錄

命運波折

【序一】

我們學習的楷模

◎洪美香

生命中因緣生、因緣滅，我三十四歲遭遇人生極痛的苦，欲找尋人生方向，幸運的找到明師，投入慈濟的懷抱，心靈終於得到依歸。一九九二年受證後，所謂的「師父引入門，修行在個人」，我積極參與志業，深入了解慈濟理念，藉此修心養性，端正行為，很快的從痛苦深淵裏走出。而在與法親的互動中，也觀察每位法親言行，希望能學習典範，好讓自己趕快在慈濟世界裏成長。

同樣境界更同心

其中黃蔡寬老菩薩特別吸引我，她與我同年受證又在同組裏，蕙質蘭心不多話，從沒見過她亂發脾氣，修養真的很好。她當時已七十三歲，而我才三十八歲，我們相差三十五歲，卻沒代溝。一股特別的緣，讓我想更了解她。

原來她跟我一樣，都在三十四歲時先生往生。她先生留下兩男兩女稚齡孩子，最大的才十一歲，娘家無法照顧到她，她必須獨力支撐一個家。孩子嗷嗷待哺，為了生活，身為助產士，再遠的路、再糟的天候也要去接生，過程非常辛苦，但她都堅持了下來，幸而如今是倒吃甘蔗兩頭甜，因為兒孫們都很孝順。

我曾問她：「一路上遇到挫折，又求助無門時，如何宣洩呢？」蔡寬師姊泰然自若地說：「把四個孩子帶到先生的墓前，大大地痛哭一番，哭累了回家就沒事，繼續咬著牙努力過日子。」我聯想到自己，先生因意外往生，小叔替我著想，在我生產後，請爸媽來帶我回娘家，幫我照顧三個幼兒。當我還走不出自怨自艾的情緒，蔡寬師姊鼓勵我說：「絕對不能軟弱，人生路一切要靠自己。」

很敬佩她，如此堅強，我要學習。

她常提醒我，她七十多歲才認識慈濟，感覺太慢了，一定要更努力來做。所以有任何勤務，我都會通知她，她也從來不拒絕。長者菩薩群裏，她不會倚老賣老，我們一起個案訪視時，別人在車上言語論戰，她絕不會加入陣仗，只默默聽聞而已，涵養實在到家，所以每個月的個案訪視，她一定是找第一位邀請的菩薩，她對個案的愛語關懷，那分有如媽媽心的付出，讓案家都很喜歡見到她。

深具智慧的老菩薩

我們早期做環保，蔡寬師姊把回收物放在騎樓，我則是放在後面小巷裏，累積一定的量後，她很有智慧地要她小兒子來載，希望讓他融入。有天她兒子說：「真想不通，送一車的回收物還抵不過油錢，你們何必這麼辛苦？」我跟他解釋，重要的不是賣錢，而是漸漸啟發帶動，讓人人都能有環保意識，起身行動才是目標。之後我到蔡寬師姊家去載她時，就常見到兒媳夫妻都在幫師姊整理環保回收物。

我常載她出門做慈濟，兒子曾經擔心媽媽年邁，怕她累垮了，結果她又回應了很有智慧的話，她說：「媽媽若能每天開心出門做慈濟，你就應該要放心了；若是有天媽媽躺著無法下床，那時才是你們煩惱的時刻。」一心念一打開，她兒子、媳婦只要剛好下班遇上了，總是笑著謝謝我載媽媽去「遊山玩水」。

有天忽然接到她電話，說她住在員林的大兒子平常很愛爬山，還熱心地當植物導覽員，卻突然生病了，各醫院都查無病因，已輾轉來到臺中慈院。我馬上趕去看狀況，很幸運地，我們慈院專家判斷出是感染到螺旋桿菌，在對症下藥後，病情逐漸好轉。她將感恩心化為行動，為兒子圓滿了榮董，讓人敬佩不已。因為要照顧大兒子，她從彰化搬到員林，每個月坐公車回彰化收善款，從不間斷。

蔡寬師姊一百歲時，又做了明智的抉擇，她把要留給孩子們的手尾錢，用孩子名義捐出，她說孩子們的生活都很不錯，只是都愛遊山玩水，所以當媽媽的就來為他們植福德。

不堅持己見，總是順應大家，長期以來修心養性、常以微笑布施，真是位福德圓滿的菩薩，所以我常說：「蔡寬師姊是我的偶像，是我們彰化的寶，更是我們學習的楷模！」

【序二】

慈濟最佳代言

◎張志吉

蔡寬師姊今年高齡一百零一歲，進入慈濟世界已經三十餘年，能為這位資深人瑞師姊寫序，實感榮幸。

一心一志，精進付出

師姊退休前為員林衛生所助產士，接生過兩千多位嬰兒。六十歲退休後，為犒賞自己，有十年的時間到世界各地旅遊、享受人生。

七十歲時，有次在運動時聽到朋友提及，花蓮有位師父非常苦修，為救拔後山（昔日花蓮、臺東地區）病患的苦痛，想建一所綜合性的醫院，但出家人身無長物，建醫院又是何等的大事，所以需要向社會大眾募款，集眾人之力才有辦法興建。

蔡寬師姊一聽，心想這位師父怎麼這麼偉大？以女眾出家人的身分竟然發這麼大的願！有時間應該到花蓮見見。

因緣來了，向她介紹慈濟的朋友告知，有列車要到花蓮靜思精舍參觀，她隨即報名參加。一去，看到精舍大殿沒有想像中富麗堂皇，而是樸實無華；精舍的師父們，不是下田耕種，就是在做手工，他們秉持「一日不做，一日不食」的精神，讓蔡寬師姊深受感動，回來後就開始勸募會員，逢人便說慈濟，一心為這個團體付出，會員也愈來愈多。

舉凡慈濟的大小活動，蔡寬師姊都踴躍參加。有次進行個案訪視，到案家時發現，案主竟是她昔日的老鄰居，分別數十年的童年友伴再相見，兩人分外高興，只是蔡寬師姊仍耳聰目明、積極做志工為人服務，小她一歲的案主卻已病痛纏身、不良於行，蔡寬師姊給予她溫暖的擁抱和祝福，以己身的例子鼓勵她放寬心、走出來，實在是很好的示現。

二〇一〇年慈濟改用電子書勸募本，九十二歲的蔡寬師姊也跟大家一起學習電子書。由於過去受的是日本教育，漢字對她來說非常吃力，但她仍然很用心在學，她說縱然需要學一百次、一千次，她也要學起來！一年後終於學會了，成為很多人借鏡、激勵的典範。

給人溫暖與力量

而做環保更是三十年如一日。當初她開始撿垃圾、做回收時，鄰居一度以為她生活過不去，還罵她的兒子不孝；蔡寬師姊勇於面對誤解與壓力，堅持做對的事，一邊不斷向周遭親友宣揚慈濟的環保理念，終於獲得認同與響應。至今員林環保站每週二的環保日，她也從不缺席，這分毅力，讓人感佩。

其他諸如蔬食推廣、浴佛大典、街頭推展……等對外宣導，蔡寬師姊都是最佳代言人，大家看到百歲人瑞還能健步如飛、解說起各項活動條理分明，心中油然而生歡喜與信服，接引不少信眾加入慈濟的行列。

更難得的是，她從不因年紀大而懈怠，只要兩、三天沒接到勤務，就會主動打電話給組長，再三強調不要捨不得讓她做，有勤務一定要說，真是一位精進的菩薩。

能付出是福報，可以健康地走慈濟菩薩道、又能將佛法落實在日常生活中，更是無形的大福報。只要常與蔡寬師姊在一起，都會感受到她處世的智慧與圓融。值得一提的是，她的四名子女都很孝順，並且有很好的成就，在經濟上不虞匱乏，所以去年她將原本要留給子女的手尾錢，以他們的名義捐了榮董，為子女植福。

身為上人的第一代弟子，蔡寬師姊深知，必須比別人具備更多的耐心與毅力，吃他人不能吃的苦，忍人所不能忍，並時時將誠正信實放在心裏。也因天天喝慈濟四神湯，她待人接物散發著一股溫暖，她的擁抱，對照顧戶、對每一個心中有苦的人來說，都是一種疼惜，也是一種力量。

祝福蔡寬師姊，在慈濟世界中愈做愈健康！

【序三】

為老年生活增添光彩

◎詹大為

「大為師兄，我看你剛剛走路的形態，已經有老年人的樣子喔！」夏至過後的週日早上，我身穿藍天白雲出班兒童班活動攝影，一位課務夥伴對我說了這句話。乍然聽到，心中一驚，我才剛於六月中旬度過六十二歲生日，想到自然法則無人能跳脫，只能勉強擠出笑容，對著他苦笑一番。

是的，時光飛逝，歲月無法阻擋；幸好現代醫學發達，很多疾病得以預防治療，延長了老年生活；而隨著平均壽命的提升，臺灣已然進入高齡化的社會。面對老年，如何養生健身，延緩老化速度，維持身體健康，而且活得有尊嚴，避免失智失能而需要別人的照顧；如何讓自己的生活過得快樂而且有意義，這些都是必須要用心學習，甚至身體力行的功課。

要活就要動，而且要活得快樂；當志工發揮生命良能，可說是最好的方法之一。加入慈濟志工行列將近二十五年，一路走來，看到很多高齡志工做得滿心歡喜，個個精神奕奕。甚至有超過一百歲，仍然耳聰目明，例如「後山土地公」王成枝老菩薩（註），《百歲醫師以愛奉獻》專書的楊思標教授，還有就是本書的主角人物黃蔡寬老菩薩。他們都是大福報的人品典範，很值得大家來探討他們的生命故事。

有緣參與《心寬世紀》專書團隊，見證彰化區的百歲人瑞黃蔡寬精彩的生命故事。印象深刻的一段往事：二〇一五年十一月二十五日證嚴法師行腳彰化，第二場次歲末祝福，我和一千七百多位志工齊聚在靜思堂，一起演繹《無量義經．德行品》。「九十多歲了，我看著她，手沒有比別人低，也沒有比別人高，總是那樣整齊，沒有慢，也沒有快，那樣的整齊合心，這就是彰化的長處優點……」法師看到九十七歲的黃蔡寬居士矍鑠的身影坐在法海女眾區第一排，讚歎她和大眾一起入經藏演繹，舉手投足起坐之間，分毫不差。

大眾學習的典範

在現場的我，聽到上人肯定彰化區弟子們一千多人共一心，心中充滿感動，也想到近百歲的老菩薩比我更有勇氣坐在第一排，幾乎是領眾演繹，與大眾合齊一致，讓整場演繹充滿道氣，心中對黃蔡寬師姊的精神不由得更加敬佩。

因為親身參與，我更能體會演繹背後，她一定比別人投入更多的時間與體力來練習和彩排，不僅要用心記憶經文和手勢，過程中難免會碰到很多困難和障礙，她必然是持續精進、一一克服後，才能有這種成果。

回顧一下，一位三十四歲的年輕母親帶著四個稚齡兒女，在亡夫的墓碑前跪著哭，一直哭到沒力氣，這段生離死別的故事，令人聞之動容，也刻劃出她堅韌的生命特質。在七十歲時，她覺知不虛度光陰、不浪費金錢在玩樂，發心加入慈濟志工的行列，隨即開始募心募愛。一路走來，她的美善足跡遍及四大志業八大法印，無論在訪視、醫療志工、諮詢、福田志工、環保志工，都有她用心和努力的身影，活得精采，而且過得很輕安自在。

常言：「人生七十才開始」，這句話印證在黃蔡寬師姊身上可說是最貼切！她的一生，走過坎坷，晚年樂活，其精神毅力是大眾學習的典範。描述她故事的《心寬世紀》專書付梓，很值得大家廣為流傳，從中學習她的智慧與豁達，也為自己的生命增添更多光彩。

註：「後山土地公」王成枝老菩薩當志工，一直做到一百零四歲才往生。

【序四】

學習典範堅道心

◎簡淑絲

歷經一年九個月的時間，集眾人合和互協心力，這一本《心寬世紀——時代女性黃蔡寬的故事》終於誕生了！

百歲人瑞蔡寬師姊一直是彰化「國寶級」的志工，每一次在許多公開場合或是營隊，都可以看到大家在學習她的精神。

讓我記憶最深刻的是，二〇一八年七月二十日，上人行腳彰化，盛夏的清晨，天色微亮，熱氣依舊逼人，彰化靜思堂B1的停車場，早已停滿了車子，有許多來自各地的大醫王與志工們，前來彰化要向上人請安。

一百歲的蔡寬師姊也在人群中，看著上人進去用餐，並在一旁靜候，須臾之後，上人走出來了！

上人看著蔡寬師姊說：「趕緊去用餐！」蔡寬師姊回應：「上人，我用過了，因為我的佛珠送給生病的女兒，可以請您再送我一串嗎？」上人點點頭：「跟我進來！」

江素月（明絡）師姊與我，站在蔡寬師姊的左、右兩邊，攙扶著身體硬朗的她，一起跟隨在上人身後，緩步走進四樓慈濟部。

蔡寬師姊對著上人說：「上人！我活動都有參加喔，無論是訪視、醫療、環保、諮詢……等等。」

上人說：「我知道您有在做，剛剛才提到您，就是有繼續在做，今天才能這樣健康！我勉勵大家要向蔡寬學習。」

慈悅師姊端來佛珠，上人幫蔡寬師姊戴上，他說：「每一次我駝背時，一想到您（蔡寬），背又挺直了。」

上人轉過身來，看著我說：「妳，要學習蔡寬的精神！」

我馬上回應：「上人請放心，我會的。」

戴上佛珠的蔡寬師姊，大聲用臺語跟上人說：「上人，身體要照顧好唷！年底還要再來，要常常來！」「感恩上人！」蔡寬師姊合十道感恩，上人望著她，露出了欣慰的笑容。

看著這一幕，見證到師徒之間深厚的情誼，我感受很深，在菩薩道上除了要更精進，也讓我更加堅定自己的恆持初心！

這一本《心寬世紀——時代女性黃蔡寬的故事》，終於出書了！它見證蔡寬師姊的一生，也見證她做慈濟的使命與恆持初心，這將是全球慈濟人的典範故事，相信也會是一本百年的歷史傳承。

【序五】

慈母嚴父的「卡桑」

◎黃景堂

我的卡桑是一位不屈服於時代的女性。在傳統保守的年代，普遍思想皆是「女子無才便是德」，但她依舊堅持著自己的夢想，努力完成小學學業。而在家庭環境無法供應她繼續讀書、進修的情況下，她可以隱忍刻苦，先到臺鳳公司上班當會計，靠著省吃儉用存下來的錢，獨立自費到臺中的產婆講習所就讀，並且在一年期間，通過各項助產學科的筆試與術科考驗，取得助產士執照。

我的卡桑是一位堅毅的女性。多桑很年輕就過世，他離開時我們四個兄弟姊妹年紀都很小，但卡桑很堅強，不願意接受他人幫助。

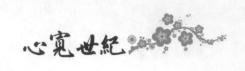

她認為：「我有工作能力，就不會讓孩子餓肚子！」憑著當年考取的助產士執照，進入員林衛生所服務。白天要在衛生所值班，晚上還要隨時準備外出為產婦接生，幾乎沒有休息的時間，但是不論多晚，在產婦順產後，她一定趕回家陪伴看顧我們，還得找空檔整理家務、洗衣服、做飯，捨不得停下來喘口氣的她，從不喊累。

我的卡桑是一位嚴父，也是一位慈母。雖然她的工作很忙碌，但對我們的教導卻是非常嚴謹。在學業方面，她不斷鼓勵我們升學，努力讓我們都能接受最好的教育；在品格方面，我們有任何行為上的偏差，她會用最嚴厲的方式訓誨；當我們面對困境，她會陪伴在側、一起共度難關，但絕不容許我們退縮。這分堅忍的性格和勇於接受挑戰的精神，都是我們學習的榜樣。

因緣讓卡桑能夠認識慈濟，跟隨著證嚴上人，是我最放心的事。不論在訪視、環保……都能看到很多的慈濟法親家人，陪伴在卡桑身邊噓寒問暖，無微不至地照顧著她。

每次活動結束回家後，卡桑歡喜與我分享的模樣，讓我更加支持她所堅持的信念。在此，我想讓卡桑知道：以前您是我們的靠山，爾後我們會是您的靠山，如您所願「一心一志跟隨上人行。」最後，我還要跟卡桑說一句：「感謝您，為我們付出您的一生！」

【序六】

向智者學習

◎紀淑貞

「蔡寬」這個名字，雖然在彰化靜思堂早已聽聞其名，但不識其人。因為沒有接觸過，有點緊張；因為沒有交談過，有點不知所措。二〇一七年十月二十日，鼓起勇氣初次來到蔡寬師姊家中採訪。

百歲人瑞精神可佩

「拍謝啦！讓您這麼麻煩。」我還沒敲門，蔡寬師姊已經在幫我開門了，隔著紗門邊開邊說。

「坐！坐！坐！」她一邊招呼著我隨意坐，一邊拿著小餐盤，夾起桌上已經準備好的水果、蛋糕……

「用啊！」滿滿一盤的點心，擺放在我面前。「別客氣，用啊！」看我都沒有動作，蔡寬師姊又招呼了第二次，還起身幫我倒杯熱茶，直接遞放在我手上。

吃飽喝足後，才想到我還沒自我介紹耶！我笑笑問：「蔡寬師姊，您不怕我是壞人喔？」她說：「『自己人』哪來壞人！」

我心裏想，上人所說的「清淨無染的本性。」就是這麼單純的心念吧。我拿著蔡寬師姊年表，問：「師姊！還記得小時候住二水時的環境嗎？」

「竹筒厝所蓋成的四合院……」蔡寬師姊侃侃而談，兒時的點滴，瞬間一湧而上，她比劃著四合院位置，詳細地解說當時大家族同住的情形。

我緊盯著她那滿頭銀色白髮，張大嘴巴，除了讚歎還是讚歎！再問：「還記得爸爸往生的情況嗎？」

「哈！哈！忘記了耶。」爽朗的笑聲中夾帶著些許歉意。

有些細節部分，她的印象較模糊，陳述較不完整，但高齡一百一歲的她會很努力地再去回想，以回答我的提問。所以當我看見她側著頭、眉頭深鎖時，會趕緊說：「沒關係！我連昨晚的菜色都不記得了，下次再聊吧！」

等我下次再來時，敬業的蔡寬師姊一定會為上次的採訪做很完整的補充，讓我又心疼又敬佩。一次又一次的接觸之後，發現用聊天的心態、引導的方式，蔡寬師姊更能放鬆心情，沈浸在過去歲月，在歡樂的談笑聲中話說當年。

Google 大師也投降

有了採訪錄音檔之後，就會由「聽打團隊」來完成逐字檔了。這是一個對 3C 產品非常熟悉的團隊，成員都是電腦界翹楚，不論 CPU 等級、電腦周邊配備，也都是最新穎的，個個整裝待發、隨時準備出擊。

「主機接上麥克風、音檔輸出，利用科技就能讓採訪聲音轉為文字了。」每個人心裏都是這樣盤算著。

然而事與願違，電腦螢幕上出現的是一堆看不懂的文字。原來Google的語音工具，只能翻譯國語發音，而蔡寬師姊是全程講臺語，中間穿插著國語和少許的日語。在束手無策之下，大家只好兵分二路：打字速度較快的，就逐字完成；另一邊則是戴上耳機，手持麥克風，一句句的將臺語轉為國語，念給翻譯工具聽了。

臺灣行政區的重劃、路名變更等等，都增加後續編撰的困難度，再加上蔡寬師姊是受日本教育，很多人名、地名、稱謂，都以日語發音，更讓大家感慨「少壯不努力老大徒傷悲」。

有考驗才能激發潛力，有困境才能造就強者。蔡寬師姊的一生，不向環境妥協，不向命運屈服，以勇氣與毅力，讓生命洪流激起美麗浪花。

「彰化人文真善美團隊」效法蔡寬師姊堅毅的精神，突破層層關卡，目標一致、攜手向前，一同見證《心寬世紀——時代女性黃蔡寬的故事》這本書的誕生。

清苦童年

我知道是卡桑疼愛我，省吃儉用存下來的，心裏格外珍惜，在上、下學的路上總是把鞋子拎在手上捨不得穿，等到進校門再穿上。

多桑離世

一九一九年七月，我出生在臺中州廳員林郡二八水庄（今彰化縣二水鄉海豐寮），南邊緊鄰濁水溪。

家，是竹筒厝所蓋成的四合院；正廳裏供奉神像及祖先牌位，東西廂房（俗稱護龍）依中國長幼有序、左尊右卑的傳統而住人。正廳和護龍前面有一個廣場，是收割時期曝晒五穀的「禾埕」，也是我們這些孩子最喜歡玩耍嬉戲的「門口埕」，阿公、阿嬤，多桑（父親）與四個兄弟，全家族都住在這個四合院裏。

多桑排行老三，在鐵路部（今鐵路局）擔任收票員，他長得英俊挺拔，服裝總是光鮮整齊。

有一天，天空和往常一樣晴朗，門口卻忽然嘈雜了起來。我好奇地跑向門口埕，看見一群長輩和卡桑（母親）好像簇擁著什麼往護龍的方向走去。一旁的大人們看到了，也立即丟下手邊的工作圍了過去。

我仰頭瞧著，見到好多雙紅紅溼潤的眼睛，不知為何，他們言談之中總帶著哽咽的語調。一些長輩看到我，好像說著：「囝仔還這麼小……」夾雜著要我更加懂事之類的話。

我朝著人多的那頭慢慢地跟了過去，通過四合院間的巷仔路，將自己小小的身體倚著牆角停了下來，平時熟悉的廂房裏擠滿了人，一股沈重不安的氛圍向我襲來。

因為害怕，我選擇努力地躲著，讓自己盡量被人群遮掩住，不被大人瞧見，再慢慢伸長脖子、探出頭往房子裏張望，只見幾個親人圍著卡桑待在裏面，他們時而掩面哭泣、時而拍著卡桑的背，說著一些我還不懂的話。

我害怕地直盯著卡桑紅腫的雙眼、布滿淚水的臉龐，聽著她似乎就要劃破天際的哭喊，一連串模糊的音聲中，我漸漸聽懂了，她喊的是我多桑的名字！

我生病的多桑到哪兒去了呢？我趕緊環顧四周，隱約看見人群中似乎躺著一個動也不動的人。

不知怎麼地，我心中突然湧起了深深的悲傷，身體止不住地抽搐，眼淚撲簌而下。我頓時明白，原來有一種無法理解的悲傷、一種情感上莫名的痛楚，不是因為跌倒受傷或是沒有玩伴引起的。

卡桑就這樣在房子裏哭到聲嘶力竭，而我站在外頭也一直哭、一直哭；感受著多桑的離世，感受著卡桑的悲傷與無助，也感受到自己的心與卡桑如此貼近。

這一年我六歲，而這樣的悲傷至今依然深刻。

鳳梨織布貼補家用

多桑往生後不久，家族就分家了。但是原本家族裏的工作，還是得由各房輪流分擔，我們這一房也不例外。

大哥常常要幫忙牽牛去吃草。有一天因為睡過頭太晚出門，大伯發現後拽著他進到屋裏，拿繩子綑綁後吊起來打。大哥疼痛又無法可躲，在半空中不停地扭動傷痕累累的身體，不斷哭叫、求饒：「大伯、大伯，我不敢了！」

我們幾個兄弟姊妹嚇到不知所措，蜷縮成一團，只能陪著大哥一起哭。卡桑進門之後，剛好看到這一幕，心痛又不捨，她難過地對大伯說：「這些囝仔雖然沒有多桑了，但是還有我這個卡桑在，如果做錯事情，我會教導他們。你這樣把孩子吊起來打，我看了覺得心很痛。」

這件事情深深地影響了我們，兄弟姊妹們從此督促自己要更加懂事乖巧、努力打拚，但是無形中，也讓我對大家族的錯綜複雜產生一些畏懼。

分家後，伯伯、叔叔要照顧各自的家庭，扶養我們四個孩子的重擔，自然而然全落在卡桑一個人身上。卡桑不僅要分擔家族裏原本的事情，還要想辦法工作賺錢養活我們，日子過得相當苦。

當時二水有項很特別的手工藝——「鳳梨織布」。許多農夫栽種大片鳳梨，除了經濟價值很高、果實香甜好吃之外，最特別的是它的葉子有分雄、雌，雄葉較大，當中的纖維較多，可以取出做織布的原料，因此很多婦女學會鳳梨織布的技術來貼補家用，加上在家就可以做，小孩子也能幫上忙，所以成為我們家很重要的經濟來源。

原本就讀公學校（今小學）三年級的姊姊，在多桑往生後休學，專心留在家裏捻鳳梨絲讓卡桑織布，並幫忙煮飯、照顧弟弟妹妹。因為卡桑總是忙著工作，姊姊便成為我最大的依靠。不管姊姊走到哪兒，我總是喜歡跟進跟出，而她更是姊代母職，認真地教會我每一件事。

織布的工作比較精細，大多由卡桑來做，但前置作業——鳳梨葉取纖、捻鳳梨絲，常常就由姊姊和我幫忙完成。

當鳳梨葉從山上送下來之後，我們姊妹得先將它們洗乾淨，用剪刀剪除葉子邊緣的刺。我們坐在長板凳的一頭壓緊鳳梨葉，再拿著碗來回不停地刮除葉面，等一絲一絲的纖維顯露出來之後，用手指甲仔細地將纖維挑出、纏繞起來，接著用發酵的飯汁浸泡一天，將這些纖維漂白，再洗淨、晒乾後攤開，捻成長長的絲線，塗上漿糊……

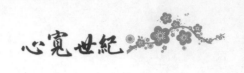

記得姊姊和我經常拉著這些絲線在門口埕跑過來、跑過去，繞成一綑綑的絲線之後，再交給卡桑織布，雖然辛苦，倒也有幾分趣味。天然鳳梨纖維織出來的布，類似麻紗布一樣涼爽又耐穿，很多唐山（大陸）的人會特地來臺灣採買。

除了鳳梨織布，卡桑也會去別人的農地幫忙除草；廚藝很好的她，也常常跟著總鋪師外出辦流水宴席。記憶中，為了維持我們一家人的生活開銷，卡桑總是忙進忙出地非常辛苦。

隨著年紀的增長，我開始跟著姊姊外出工作，幫卡桑分擔家計。在我七、八歲時，二水有一家很大的鳳梨公司，姊姊會帶著我一起去削鳳梨。因為是論件算錢，我們為了幫家裏多賺一點，常得在清晨三點起床出門工作。

從家裏走到鳳梨公司的路上，完全沒有路燈，偌大的黑色天幕像個大碗，罩著黑漆漆的鄉間小路。天上的星星，有時像是路標的指引，有時卻又像是妖魔的眼睛，在伸手不見五指的黑夜裏，我們只能依靠手上提著的燈籠所透出的一些微光，照亮眼前的路。

夜風呼呼而過，白天顯得有趣的蟲叫、蛙鳴，在這一刻彷彿全變成了鬼怪的叫囂，又好像有什麼藏在某處伺機而動，準備隨時朝著我們飛撲過來。我有時愈走愈害怕，拉緊姊姊的手亦步亦趨地跟著。

想起身旁有姊姊的保護，我總是能再提起勇氣，再想到卡桑的辛苦和我們在大家族中的困難處境，怎麼也得堅持下去。我也常常提醒自己要勇敢、努力工作，才不會被看不起。

就這樣跟姊姊忙著打零工、想減輕卡桑的負擔，我也錯過了該入學的年紀。

我要去讀冊

叔叔有一個女兒叫阿月，比我小幾歲。我們兩個感情很好，有空的時候會一起玩。有天早上，阿月背著一個包袱準備出門。

我好奇地問：「阿月，你背包袱仔要去叨位？」

阿月：「阿寬，我要來去讀冊（讀書）。」

「讀冊？這麼好！我也想要去！」我得回去告訴卡桑。

吃完午飯，卡桑在臥室裏休憩，我提起勇氣走到她的腳邊，看著熟睡的卡桑，因為不知如何開口，我忍不住哭了起來。

卡桑睜開眼睛問我：「你在哭啥米？」

我啜泣地說著：「卡桑，我想讀冊，我要跟阿月一樣去學校讀冊。」

「憨查某囝仔，姊姊因為你們的多桑往生，讀到公學校三年級就休學在家裏幫忙，我如果讓你去讀冊，對姊姊不公平。」卡桑起身坐在床沿對我說。

沒想到外面的姊姊聽到我們的對話，走了進來：「卡桑，我嘸讀就嘸讀了，阿寬想要讀冊，就讓她去沒要緊。」

有了姊姊的支持，讀冊的希望像是露出一絲曙光。我趕緊用手背抹去眼角的淚水，張大眼望著卡桑屏息以待，期盼她能應允。

卡桑最後對我說：「既然你那麼想讀冊就去讀，你姊姊自己嘸讀還讓你去，你一定要認真喔！」

我馬上破涕為笑：「我會、我會，多謝卡桑、多謝阿姊！」

後來我看到阿月，歡天喜地告訴她：「阿月、阿月，我也要跟你一起去學校讀冊了。」

阿月也開心地回應：「真的嗎？太好了，那以後我們可以每天一起去學校了。」

正式上學那天一早，我攤開手帕，把幾支鉛筆放進去，仔細地包覆摺好，就變成了鉛筆盒；再拿著卡桑給我的布巾，將課本一一疊好排放整齊，四個對角拉起來打結成包袱，就是書包了。整理好之後，把臉埋在包袱裏深深地吸吐了幾口氣，聞著書本散發出的香味，感受到滿滿的幸福。

將包袱甩上肩，我一腳跨過門檻，飛奔穿越門口埕，通過巷仔路，邊跑邊大聲喊著：「阿月，你好了沒？趕快啦！咱們來去讀冊了！」

第一天上學的我，欣喜若狂，打著赤腳，輕快地跳躍在通往二八水庄二水公學校（今二水鄉二水國小）的鄉間小路上，金黃的陽光、拂過臉頰的微風，彷彿也在為我祝福！

一九二八年當時，臺灣人民接受的還是日本教育，學生都以日語稱呼老師為「先生」，先生們都是臺灣人，帶著我們從最基本的日語五十音開始學起。十歲才讀小學一年級的我，個子比班上的同學要高出許多，因為年紀大理解力比較好，所以幾乎都考第一名，因此也得到先生們的疼愛。

從家裏到二水公學校來回徒步人約要一小時的路程，我們正中午回家吃午飯時，常常得赤腳走在發燙得碎石子路上，汗水順著額頭不停地滴下。有時走累了、渴了，往旁邊的溪流一蹲，雙手一捧就接了滿滿的溪水，水質清澈到可細數手心裏的掌紋，張口一飲而下，感受著清涼甘甜的溪水，從喉嚨滑到了腸胃裏，接著再將臉打溼，洗淨溼黏的汗水，瞬間暑氣全消。

到了新年時，卡桑幫我買了一雙新鞋。在這窮苦的年代，人人幾乎都是打赤腳，尤其我們這個經濟拮据的單親家庭，能擁有一雙鞋子是多麼奢侈的事情。

我知道是卡桑疼愛我，省吃儉用存下來的，心裏格外珍惜，在上、下學的路上總是把鞋子拎在手上捨不得穿，等到進校門再穿上。一遇到下雨天，更是把兩隻鞋的鞋帶綁在一起，吊掛在肩頸上，用光溜溜的腳丫，踩過地上的水窪和泥濘，就是捨不得把鞋子弄溼、弄髒。

日子充實又有趣

讀冊的日子充實又有趣。每當下課鐘聲響，我和阿月常常站在教室門口，看著不遠處的中、高年級哥哥姊姊們，在下課的一、二十分鐘裏玩得不亦樂乎。

這一天，我們好奇地走了過去，看到他們隨手撿起了一顆小石子，輕輕嵌進泥土裏，彎著腰、伸直了手臂按住石子，再一步一步往後退，一條筆直的線就這樣出現了。接著幾條橫、縱線相接，方方正正，像是作業簿裏才會出現的格子，居然就刻在地面上了。

「沙包呢？」有人問著。一個姊姊從口袋裏掏出了一個方形、鼓鼓的花布握在手心，喊著：「在我這兒。」

他們一群人隨意圍成個圓圈猜起拳來，接著把沙包丟進格子裏，開始輪流跳著，玩起了遊戲。

「哇！阿寬你看，這樣就可以玩了耶！」阿月開心地對我說。

我瞪大眼睛，感到不可思議：「對呀！看起來好好玩喔！」

「你們兩個想玩跳格子嗎？一起過來玩啊！」哥哥姊姊們招呼著。這個求學不易的時代，即使同一個年級，年齡層也是大小不盡相同，也因為如此，大家都格外珍惜相識、相處的緣分，不管幾歲都能夠玩在一起。

放學後，我和阿月手牽著手，一會兒單腳、一會兒雙腳，興高采烈依著跳格子的步伐，跳躍在回家的路上。

「阿月，我們回家也來縫沙包好不好？」我問著。

阿月微笑著說：「好啊！明天來教班上的同學一起玩。」

隔天，我們帶著縫好的沙包到學校，拾起小石子依樣畫葫蘆地在地上畫好了線，把石頭輕輕一拋，雙手在腿上撣打幾下，帥氣地撣去了手上的泥沙。

「來，誰想玩沙包？」我們對著周遭呼朋引伴，開始了我們自己班上快樂的遊戲。

物資不充裕的時代，小孩子們總是能就地取材、變通出許多簡單有趣的玩意兒，彼此相處也單純而和樂，雖然生活貧困，但心裏卻很富足。

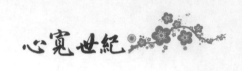

蒸汽火車之旅

每年的農曆過年，外婆、舅舅和長輩都會給我們壓歲錢，雖然卡桑獨力扶養我們的經濟壓力很大，但是她從不收走我們的壓歲錢，而是教導我們自己保管，學習如何儲蓄及善用每一分錢。

在二水公學校念書時，學校每年會舉辦一次遠足或旅行，這也是小學生最期待的大事之一。我平時捨不得買餅、吃糖所存下來的壓歲錢，有一部分也是為了繳交遠足的旅費，讓平常沒有機會出去玩的自己，實現一點小小的願望。

低年級時，先生會帶著我們以遠足的方式到二水的八堡圳和林先生廟，等到中、高年級就坐車到更遠的地方旅行。這一年，我終於等到了最期待的蒸汽火車之旅，雖然只有從二水到林內一站，卻足夠讓我欣喜若狂了許久。

旅行前一天，我早早就上了床，希望一覺醒來天就亮了，無奈幾次睜開眼睛，黑夜裏的星星仍然高掛在天上，眼睛還調皮地眨呀眨！

終於，陽光透過窗戶微微映在我的臉頰。我輕快地從床上一躍而起，換上前一晚就準備好的衣服，坐在床邊將雙腳滑進鞋子裏，再起身順勢往前踏個兩步，半彎著腰、食指往鞋後輕輕一勾，腳跟輪流踩下，就整裝完畢！一手抓起了桌上的包袱，三步併兩步跑出房門盥洗。

「卡桑今天會幫我準備什麼樣的便當呢？」刷牙、洗臉的同時，腦袋也沒閒著。我知道這一天便當裏的菜色會特別不一樣，不再是平日的青菜與醬瓜。

廚房裏，大大的餐桌上已經備好了幾道菜。我坐上椅子，將手肘放在桌面，撐起下巴，看著好手藝的卡桑一一變魔法：便當盒裏先鋪上晶瑩的白米飯，騰騰的熱氣傳遞著米粒單純的香味，直達我的鼻尖，接著覆上幾樣炒得翠綠的蔬菜後，卡桑的筷子再夾向平常難得在飯桌上出現、令人垂涎欲滴的紅燒肉。

「哇！」我忍不住地驚呼，趕緊嚥下快要流出的口水。

「你喔！」卡桑寵溺地對嘴饞的我笑著。

「因為看起來太好吃了啦，多謝卡桑。」我害羞地聳聳肩，拿起便當盒蓋，乘著合上的剎那，貪婪地再吸了一口飯菜香，不捨地將包巾打上了結，開始期待中午打開的那一刻。

我們跟著先生早早來到二水火車站，一群沒有坐過火車的孩子，像劉姥姥逛大觀園般地站在月臺邊，雙手雙腳規矩地擺好、排排站著，眼睛卻骨碌碌地不聽使喚，忙著東張西望。

鐵軌落在兩個月臺之間，往兩頭又長又直地延伸而去，「鐵道的盡頭到底通往哪兒呢？」我好奇地想著。

平時，對於火車這隻黑色又神祕的龐然大物，我們只能遠遠看著它冒出陣陣白煙呼嘯而過，羨慕那些可以趴在車窗邊、神氣揮著手臂向我們道別的小孩。有時心血來潮，我們幾個同學會淘氣地和火車賽跑，直到連眼睛都追不上最後一節車廂了，才氣喘吁吁地停下，看著它揚長而去。

而這一天，我終於也要坐上火車了。

火車即將進站，月臺上似萬馬奔騰、轟隆隆地震動起來。平時在遠方奔馳的巨獸，正筆直地朝著我們而來，速度由快轉慢，一會兒就停在觸手可及的距離。偌大的車輪立在眼前，一切都新奇、震撼到令人屏息。大家跟著先生井然有序地進到車廂裏，找到座位一一坐下，雀躍的心撲通、撲通跳著，從未減速過。

靠著燒煤產生動力的蒸汽火車，車廂也瀰漫著一股煤炭味。端坐了好一會兒，汽笛聲終於響起，預告著火車即將出發，車身猛然一震緩緩啟動，一群孩子興奮得快要從椅子上彈跳起來了。我微微將頭探出了車窗外，看著車頭的煙囪不斷竄出陣陣白煙，搭配響徹雲霄的汽笛聲，彷彿吹起了號角領著軍隊氣勢高昂地向前，威風十足。

隨著火車不斷加速，髮絲在空中飛揚起來，眼睛也逐漸不敵風力瞇成了一條線，看著平時上學走的小徑、遊戲避暑的大樹一一往身後飛去，故鄉日常的山巒，隨著火車行進的動線，顯現出不同的光彩與姿態。

路旁一些好奇又羨慕的孩子朝我們看得出神，田間彎著腰的農夫也停下手中的工作，將目光投了過來，沒多久，我們便將他們遠遠地拋在身後。

行經濁水溪鐵路拱橋，連桿持續推動著車輪努力往前，與橋上的鐵軌緊緊咬合，發出震耳巨響，車身的震幅似乎又更大了些。火車的下方不時排放出白色蒸汽，像是騰雲駕霧一般，承載著我們在濁水溪的空中飛翔。低頭看著橋下，正是這次旅行，先生要介紹給我們的主角之一，臺灣第一長河——濁水溪。

濁水溪的地勢平坦、河面開闊，水流緩慢，泥沙淤積，屬於沖積扇平原。溪水中的土壤富含有利於農作物生長的多種礦物質，在還沒有化學肥料的年代，儼然成了農作物最佳的天然肥料。

八堡圳歷經十年左右才開鑿成功，順利引水入圳，灌溉八堡各家農田。其中因濁水溪會夾帶泥沙，每年不斷為農田帶來新的土壤，讓耕地時時保持肥沃，因此也讓彰化的濁水米逐漸聲名大噪，維持了不少農家的生計。從火車上俯瞰這條臺灣第一長河，油然而生敬意，這真是很有意義的旅行。

到了午餐時間，我迫不及待地打開便當盒，雖然熱度不再，飯與菜融合出的香氣，仍吸引著我的味蕾。我一口接一口地細細品嘗，直到見底了才肯罷休。

這趟旅行，成為學生時代讓我念念不忘的美好回憶之一。

時代女性

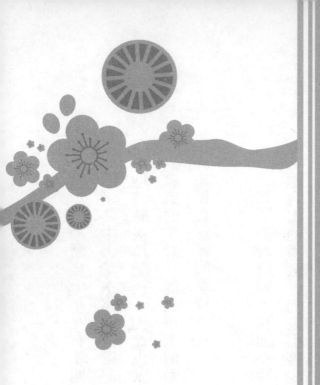

對「婚姻」二字，我一直沒有太多的憧憬。我人生的藍圖只有兩件事：一是做自己想做的事；另一件，就是照顧好卡桑。

一心想獨立賺錢

六年時間一晃而過，一九三四年我終於完成公學校學業。一畢業，心心念念只想趕快幫卡桑賺錢，分擔她的辛苦。憑著在公學校的優良成績去應徵工作，幸運地立即被聘用——在村庄裏的講習所，教導沒有上過學的臺灣人日語，也就是擔任講師的職務。

這一年我十六歲，開始了人生中第一份正式的工作。兩年後，我又到臺灣鳳梨株式會社（今臺鳳公司）當會計，一直到二十歲。這段期間隨著眼界的開展，我愈來愈想獨立賺錢，反而不願如傳統一般嫁人、靠夫婿。

剛好我有個堂嬸是助產士，有次我到她家，見她匆匆忙忙出門接生，沒多久就拿著六塊錢的紅包回來。當時的六塊錢很大，堂嬸說生意好的時候，一天要跑好幾趟，不只賺得多，又能感受新生命的喜悅，是個不錯的職業。

那時的助產士和傳統鄉下接生的先生媽、穩婆不太一樣，要受過專業訓練、取得執照才能擔任。也因具備專業技能，足以獨當一面，又多是年輕熱忱的女性投入，讓助產士成為可以與女醫師、女教師相提並論，受人敬重的新女性行業。

當下我就決定：我要去念助產士！我要依自己的意思獨立生活、賺錢奉養卡桑！

彷彿又回到十歲那年，我再度回家告訴卡桑，我要繼續去讀冊，只要讀完一年、考過助產士資格後，就會很有前途。沒想到，卡桑這次卻怎麼也不肯答應，原因是她開始為我的終身大事著急了。

姻緣天注定

對「婚姻」二字，我一直沒有太多的憧憬。我人生的藍圖只有兩件事：一是做自己想做的事；另一件，就是照顧好卡桑。

「你不要再逼我了，我不想嫁人！而且以後我會養你啦！」這一天，又為了相親的事情與卡桑爭論不休。

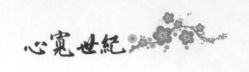

「講麥翻車（不可理喻）！古早人說姑不入龕，公媽不供奉姑婆（臺灣民俗，未嫁的女性死後不能入祖先牌位，無人祭祀），一定要嫁啦！」卡桑態度非常強硬。

她看我像小媳婦般低著頭，默默不說話，改換成柔性勸導，牽起我的手輕聲地說：「大家都是十六、七歲就嫁人了，只有你二十歲還不肯嫁。」

「家裏的兄弟姊妹們各自嫁娶，會有自己的家庭和生活。最後只剩下你孤單一個人，那時要怎麼辦？卡桑會煩惱啊！」卡桑使出軟硬兼施的絕招，我再怎麼堅持也有軟化的一天，只好答應去「相看」了。

好幾次，我對卡桑安排的相親對象總是挑三揀四。「芭樂坑（八卦山脈東山附近）那裏太遠我不喜歡！」「住山上的不好，住得偏僻，連世間幾斤重都不知道！」「這款的我不要啦！」……

不管媒婆如何口沫橫飛，我想盡理由逃避、拒絕。最後卡桑終於按捺不住了：「乾脆你自己說好了，要什麼樣的條件，你才會滿意？」

「我不喜歡山上的，多數都沒見過世面；平地的較好，會有社會經歷。另外，家庭成員要簡單，我怕嫁到大家族會有壓力。還有對方要夠高大，第一印象要讓人看了舒服的……」我無止境地開出條件。

卡桑坐在椅子上，邊聽邊搖頭，眉頭也愈深鎖，最後深深地吐了口氣：「好啊！你不是想去念助產士？想去就先相親、訂婚，把終身大事安排好就讓你去！」卡桑竟然用念助產士這件事來威脅我！

這次我雖然沒頂嘴，心裏卻有千百個不願意，只想著到底要如何擺脫相親去念書呢？

俗語說：人為敵不過天意，因萬事皆早注定。

當時只要在家，卡桑就像一部留聲機，不斷重複放送：「女人要結婚，唯有結婚人生才會完美……」這種精神上的折磨，讓我在休假時只好躲到彰化表哥家避難。

「你們家阿姑ㄚ（小姑子）幾歲了？讓人作媒了嗎？」有天，表哥家來了一位女性客人，對我品頭論足一番後，詢問著表嫂。

「還沒耶！今年二十啦！」

「這樣最剛好了！我有個弟弟在自來水廠服務，學問很好，人很老實，來作媒給他好嗎？」

「好啊！好啊！」

就這樣兩個人聊得十分起勁，並自行為我安排好相親的時間，地點就選在表嫂家。

「要相看可以啊！但是，我要先看他喔！符合我開的條件，我才願意出來打招呼、相互認識。我要是不滿意，轉頭就走，你不能生氣喔！」我嘟著嘴，跟表嫂耍賴。

表嫂連忙說：「好！好！」

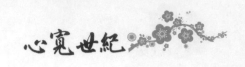

拗不過表嫂，我只好依約前來。表嫂家是日式公有宿舍，屋前是一片一片木板接縫而成的玄關，再往上走，是由拉門區隔出來的起居室和寢室。

那個人，一副悠閒地坐在玄關上，神情充滿自信，腳上那雙咖啡色皮鞋一塵不染，淺色襯衫燙得筆挺，搭配深色西裝褲以及裁剪合身的格紋背心，凸顯出完美的身形，而往後梳的油頭造型顯出得體與個人品味。

他說他叫做黃超群。很奇妙地，我們之間沒有相親的那分尷尬和不知所措，反而像是好久不見的老朋友，天南地北無所不談。

「在這個日治時代，沒有學校可以學漢字，唯有員林有老師私招學生到府教授漢文，所以我公學校畢業後又學習了十二年的漢文。這期間我也研讀中醫書籍，考取了中醫師執照……」他講著自己的故事，我專心地聽著，心中既羨慕又崇拜——可以隨心所欲念自己想念的書，完成自己人生的規畫，正是我夢寐以求的事啊！

「你呢？」他突然反問我。

「啊！」聽了他的人生故事，我原有的自信心突然消失無蹤，反而產生幾分自卑。

「我想去念助產士！」這句話含在嘴裏不好意思地說出，聲音小到連我自己都聽不清楚。

「很好啊！我贊成！」他竟然有聽到耶！而且還很高興地認同我再去念書。

我開心地笑了！感覺到我們之間有著相同興趣，還有一分相知相惜、相互尊重的默契。

邁向助產士之路

我和超群訂婚了。卡桑對我婚姻大事的牽掛也終於放下。

我對她說：「當初答應只要我訂婚，就讓我去讀冊，不可以反悔喔！而且我跟超群說好了，要考上助產士才結婚。」

不再有理由反對的卡桑，慈愛地對我說：「好、好、好！我知道，要讀就去讀，你要卡打拚一點喔！一個人隻身在外要好好照顧自己、注意安全。」

一九三八年我二十歲這一年，終於報名了朝思暮想的助產士課程。

當時臺灣北、中、南都有許多醫師創辦的產婆學校，我打聽許久，選擇到「臺中產婆講習所」，這是由吳泗輝醫師及吳蔡綾絹醫師夫婦所開設，位置在臺中州臺中市櫻町附近（今臺中路二十七巷一帶，現已拆除），入學不用考試，報名繳學費就可以去念，但上課一年後要考筆試、術科，通過後才能拿到證明，再經過一年的實習才畢業，總共修業兩年。

要前往臺中報到時，超群特地送我到車站搭車，一路上我們沒有太多交談，反而多了些依依不捨的離別傷情。

車子緩緩駛出熟悉的二八水庄，往陌生的城市出發，我低頭看著腳邊的行李箱，像是裝滿了自己的夢想。我輕輕地微笑，嘴裏哼唱著歌，感受自己的心砰然跳著，想像一切可能的未來。

然而，隨著窗外的景色愈來愈陌生，心裏頭突然湧現離鄉的哀愁。

「卡桑現在在做什麼？她應該會好好照顧自己吧！」喉頭一陣哽咽，擔心自己不爭氣的眼淚就要流下，我趕緊仰起頭望向遠方。

天空蔚藍得像絲綢一般，雲朵由微風幫襯，優雅地向前推進。陽光滿滿灑落在青翠的樹梢，景色美得像一幅畫，就像我心中早已想好的人生藍圖。

到臺中火車站之後，我步行到了「臺中產婆講習所」，看到來自四面八方跟我一樣懷抱著助產士夢想的女孩們，有如一股力量的凝聚，我也產生了無比的信心。

繳學費時，看著講習所的人點算我好不容易存下來的學費，我再一次提醒自己，「這幾年的積蓄全部投資下去了，而且還告訴未來的婆家，考上助產士才要結婚，無論如何我一定要認真讀書、考上執照，只許成功不許失敗！」

為了節省開銷與交通費，我決定留在臺中苦讀一年，等考到執照時再回二八水庄。然而，學習的開始並不是一帆風順。

教室裏面，所有的學生正襟危坐，一一接下老師發的教科書。我蹙著眉翻閱這些書，有解剖學、生理學、分娩、產褥、新生兒疾病……

「這些可不像公學校課本裏的五十音あ、い、う、え、お那麼簡單，而且這次我也沒有比別人年長、學得比較快的優勢了。」我開始有些擔心。

先生在黑板上振筆疾書，我努力做著筆記，有時課本闔上，腦中思緒仍然跟著先生講述的內容不停翻攪，幾次成績發布下來，自己的排名總是在中段。「這樣我考得上嗎？不行，我一定要衝到前段才可以！」我督促自己要更加努力。

下課時間，我翻開課本，想要複習剛剛先生教的內容，但教室裏一群群女孩子鬧哄哄地，聊得好不熱鬧，自己的定力不夠，也靜不下心來。

白天沒辦法複習，只好等到晚上。一回到宿舍，我就埋在書堆裏認真讀著，心裏只有一個信念：「要考上助產士！」

這一夜好不容易讀完書，我累得一頭栽進被窩裏，沒一會兒便沈沈睡去。

「啊——」睡夢中，隱約聽到女孩的尖叫聲。

「這聲音怎麼像在旁邊？」我撐著疲憊的身軀坐起，看見同學們也全都醒來了。有人睡眼惺忪問著：「誰啊？」

幾個女孩跟我一樣四處張望，搜尋聲音的來源，忽然又一聲尖叫：「啊——有變態！」

女孩們一聽到變態，全都嚇得呼大了雙眼，只見昏暗的房間裏，一個大男人忽然就站在我們面前，講習所裏全部都是女孩子，怎麼會出現男人？

大家一陣驚聲尖叫，隨手丟出身邊的枕頭、棉被，開始往四方逃竄，而這個男人聽到我們發出的尖銳叫聲，也馬上奪門而出。

我們一窩蜂地往女醫師的房間衝：「先生、先生，快開門啊！宿舍裏面有變態！」

「怎麼會有變態？快進來！」女醫師趕緊打開房門，待我們全跑進去之後，一個回身迅速地將房門鎖上。

大家嚇得全跳到床上緊緊抱在一起，屏住呼吸、豎起耳朵聽著外面的動靜，眼睛直盯著門的方向，深怕變態又衝了進來。待了好一會兒，女醫師說：「這麼久都沒動靜，應該被你們的叫聲嚇跑了，我陪你們一起回房間睡覺，明天還要早起上課呢！」

小心翼翼走回我們的房門外，昏暗的室內，隱約可以瞧見剛剛被我們扔了滿地的枕頭和棉被，任誰都不敢踏進第一步，一群人緊緊勾住彼此的手臂躲在女醫師的背後。女醫師猛力推開門，房門撞上了牆，發出「砰——」一聲巨響，像是在警示對方，也是在為我們壯膽，而室內已經一個人影也沒有。

這一夜，我們全依偎在一起不敢熟睡，女醫師也在宿舍裏陪著驚魂未定的我們直到天亮。

這是個民風純樸的年代，家家戶戶的門幾乎都是不上鎖的，然而經歷了這一夜的驚魂，我們開始學著要把門鎖上。這也是學習過程中最難忘的經驗。

第一次約會

白天上課的內容填滿我所有時間，晚上還要研讀不懂的地方，假日複習考試的部分，就這樣，我整整一年沒有回家，當然也整整一年沒有見到超群。

突然有一天，他到講習所來找我，在全是女孩子的校園裏出現一個男子，自然引起一陣騷動。

「吃飯了嗎？」他開口問。

「一年沒見，第一句話竟這麼務實，一點都不浪漫！」驚喜之後，我心裏不免嘀咕著。

「那就去吃飯吧！」我還沒回答，他已經往前走了。

一路上，他默默走著，我緊跟在後，看著他的背影，邊幻想等一下他會安排什麼驚喜呢？

他突然停下腳步，眼前是一家毫不起眼的路邊攤。「進來吧！這家麵攤的麵很好吃喔！」

我內心無數次地吶喊著：「這是我們兩人的第一次約會耶！就、就吃麵攤？真是大驚喜啊！」

回講習所後，同學們追著我問去哪裏約會？吃了什麼好料？我不好意思說，直喊著別問啦！但拗不過她們，只好說去吃了一碗切仔麵，瞬間大家哄堂大笑，連我自己都忍不住笑出來了。

其實超群也沒想太多，他就是覺得那家麵攤真的很好吃啊，所以帶我去。反而是他的同事知道後罵了他一頓，「哪有第一次帶未婚妻出去只吃麵攤的，真是太摳門了！」

還有一段插曲。訂婚前，媒人跟我表嫂說，超群要出錢供應我念助產士的費用，可是念書的那些時日裏，他沒有任何表態，完全不當一回事。

我很生氣！身為一個男子漢，怎可出爾反爾、沒有信用呢？我脾氣一來，想著：「乾脆別嫁了，我要退婚！」但冷靜下來又想到不行，這些年存的錢都拿去繳學費了，訂婚時的六禮、大餅等等，我根本賠不起，何況卡桑會為我煩惱……

後來輾轉才弄清楚，幫忙付學費的事是媒婆自作主張說的，超群壓根不知道，差點莫名其妙被我退婚了。

見證新生命的到來

求學的這一年，我時時提醒自己不能懈怠，認真上課、勤於複習，成績逐漸有了起色，到了下學期，終於名列前茅。一年後，我順利考取助產士，準備接下來一年的實習。

講習所的先生就是婦產科醫師，第二年的實習課程，我們理所當然進入醫師的診所實習。這一天，一個即將臨盆的產婦被送了進來，醫師喚我們開始跟診學習。

來到待產室，產婦就躺在床上，雙手緊握著床邊的欄杆，因為陣痛逐漸頻繁而不停地吼著：「醫師，我的腹肚好痛啊！」「醫師啊，我要生了啦！」

醫師輕聲地告訴我們如何判定產兆，邊檢查邊安撫產婦：「不要緊張，子宮頸還沒全開，你要再多忍耐一會兒，加油！」

幾個小時後，產婦終於被送進了產房，在臨盆前的加速陣痛下，只見她雙拳緊握，手背上的青筋清晰可見，身體因為用力而不斷顫抖，淒厲的叫聲迴蕩在整間屋子裏。我們幾個見到這番景象，嚇得手足無措，卻又得故作鎮定。醫師不斷引導著產婦：「你要把力氣留著生孩子，來，跟著我的指示呼吸、用力……」

我們待在醫師身旁，看著胎兒的頭和身體慢慢從產道出現，醫師最後一聲吆喝，產婦跟著賣力使勁，嬰兒便滑落在醫師的手心裏。醫師馬上熟練地提起嬰兒的腳，讓嬰兒的頭部朝下，另一隻手用力拍了拍屁股，「哇……」嬰兒開始大哭，宏亮的聲音充滿整個產房。

醫師接著幫嬰兒清潔口鼻、取胎盤、剪臍帶……原來這就是生孩子！原來這就是接生！教科書裏的文字與圖片都在這一刻躍出紙面，過去一年的紙上談兵，都不及當天的震撼！

忙完了產臺這一頭，一轉身，我們全忍不住跑到嬰兒身旁，小巧可愛像天使一樣的臉龐，撫慰著大家緊繃許久的心。看著第一個在我們見證下來到這個世界的小嬰兒，心裏滿是感動。

孩子在產婦懷裏睡得香甜，彷彿不知道自己和母親剛經歷完一場戰役，我們幾個女孩子輪流抱起他，「嗯嗯啊啊」地對他說話，就好像孩子聽得懂似的。

「以後我自己接生會是什麼樣子呢？」我將當天經歷的場景在腦海中又播放了一遍，心中的感觸深刻，也開始對未來的助產士生涯懷抱起了憧憬。

實習一年後，我通過測驗拿到了畢業證書，也領到了屬於我的接生醫藥箱。打開醫藥箱，聽診器、剪刀、手術用針線、優碘、強心劑……整整齊齊地排放著，我忍不住戴起了聽診器，對著鄰座的同學說：「來，這位太太請坐好，我來聽聽胎兒的心跳。」調皮地模仿起了醫師的模樣。

山村歲月

我一個人坐在新房內等待著。等待著什麼呢？我自己也不知道。這就是女人的宿命吧！似乎永遠都不知道「自己」的下一步會在哪裏？

嫁入深山

我從助產士講習所畢業不久，超群他家就請媒婆送「日子」來了。（男方擇定嫁娶的吉日良辰，寫在紅色的紙上，俗稱日頭紙，再請媒婆送去詢問女方意見。）

「說要娶就要娶，我才畢業耶！」看著手上拿的這張「日頭紙」，上頭寫著密密麻麻的日期與時間，我忍不住發起牢騷。

卡桑聽了對我曉以大義：「既然已經訂婚，就是對方的人了，男方挑好了日子，我們配合就是，不要還沒入門就顧人怨。」

我明白卡桑的苦心，但心中難免有遺憾，這段時間一個人在臺中念書，好不容易才考取執照，還沒賺錢孝順卡桑，就要嫁人離家了。

在此之前，我從沒有到過超群家，只是他偶爾會有意無意地向我描繪婆家的地理位置，從他的敘述中，大約知道是山上人家。當下我不由得心生顧慮，想著住在山上的助產士，要如何幫人接生呢？

很有主見、又細心的超群，總是能明白我心裏的擔憂，他跟我約定，「結婚後就住市區吧！除了我上班比較方便外，你幫人家接生也便利。」

我沒有接話，只是會心一笑！原來看似寡言的他，是如此細膩體貼，我終於安下心待嫁。這年我二十二歲，超群已三十了，他因眼光高蹉跎多年，又等到我畢業才娶，家族會著急是當然的，我也釋然了。

結婚當日，為了彰顯黃家在地方上的名望與地位，男方特地送來一套絲綢混合著蕾絲製成的白紗禮服，甚至安排了兩輛汽車到家門口迎娶，這在當時純樸的二水庄頭，是一件讓眾人茶餘飯後談論甚久的話題。

禮車離開二水進入員林沒多久就停下來了，早已安排好的喜轎，正在路邊等候我們到來。

「上轎！上轎！新娘子趕快上轎！」匆忙之間，我連問的機會都沒有，就讓媒婆拉著往喜轎內塞了。

起初路還算寬，也還平穩，走著走著，變成一個階梯、一個階梯連成的石頭路，路旁還有條蜿蜒的小溪流。

「新娘啊！你的手要抓緊喔！」前面的轎夫突然轉頭對著我喊。我還來不及反應，整個轎子像過山車一樣垂直而上，我嚇得緊抓住窗邊不敢鬆手。

「這是什麼狀況啊！路怎麼這樣？轎子會一直高上去嗎？」我的心七上八下。

終於下轎時，只見眼前是一大片的山；背面，還是一大片的山！我站在原地不知所措，只想著：愈不希望發生的事，就愈會發生，當初開出的相親條件之一，就是不要住在山上，結果呢？超群的家就在深山裏！受騙的感覺讓我不自覺地淚如雨下。

媒婆隨即帶領我進入新房，坐在一套有椅背的椅子上，上頭鋪著一件男用的西裝褲。我心想這應該就是公婆椅吧！雖然我不懂得材質，但扶手上的雕刻非常細緻高雅，和眼前那張大桌子明顯就是一整組相同的紋路。桌子立起來的部分用整張大紅紙貼滿了，猜想應是梳妝臺。

屋子主要結構是木造的，用土塊作出隔間，屋頂挑得好高、好高，更顯得房間很大、很大。

由房內往窗外看，可以感覺是很大的四合院，完全看不到盡頭。院子前開滿了紅色、粉色、白色的山茶花，盛開的花朵相互爭豔，耳邊傳來後院的蟲鳥合鳴……我心情頓時平靜不少。

我一個人坐在新房內等待著。等待著什麼呢？我自己也不知道。這就是女人的宿命吧！似乎永遠都不知道「自己」的下一步會在哪裏？

屋外敬酒聲、談笑聲不斷，在一陣吵鬧中喜宴終於結束了。

「咿呀！」新房貼著大紅囍字的兩片木頭門板突然被打開，媒婆提高音量地喊著：「新娘要奉茶了。」我被拉起身來，往外面的正廳走去。

一進入正廳，「好大的一張桌子喔！」我心中訝異不已，瞄到至少有二十人圍著桌子坐。等抬起頭時，才發現原來外圍椅子上也都是人，每個人都滿臉通紅，幾杯黃湯下肚後，說話的音量愈來愈高……

「糟糕啊！」我心裏一震，趕緊拉著超群與媒婆到門口來，「結婚前我親手製作一些小錢包，要用來奉茶回禮的，不知道會這麼多人，數量不夠，怎麼辦？」我滿心緊張與不安。

「我下山去買，等我回來再奉茶吧！」超群轉身就趕緊下山。

媒婆只能幫我圓場，喊著：「新娘要去準備甜茶了！」

等正式上場奉茶，也是考驗我記憶力的開始。

「這是阿嬤！」媒婆介紹著。

「阿嬤！請用茶！」

「這是婆婆！」

「婆婆！請用茶！」

「這是叔公！」……

繞了一圈後，我抬起頭來，「天啊！到底誰是誰啊？」

回到新房後，我無奈地嘆了口氣。當初自己開出的另一個條件，「家庭成員要簡單，我怕嫁到大家族會有壓力。」結果呢？真的應驗了老人家所說的「串驚串著（愈怕愈會遇到）」。

家務大考驗

以前在娘家，卡桑手巧又厲害，什麼都會，哥哥娶了嫂嫂後，家務都是嫂嫂在幫忙，所以我沒有用過大灶，更不會生火，家務幾乎一竅不通。

結婚第二天一大早，我到廚房時，阿嬤、婆婆跟小姑都快煮好早餐了。

「不好意思，我不知道這麼早您們就……」我心虛不已。

「沒要緊！沒要緊！你儘管睡……」再來我就知道要更早起了。

到了做午飯時，我跟著婆婆和小姑，一面學、一面煮，不會的就問她們。那時候的人都很節儉，魚乾、蘿蔔乾買來當配菜，豬肉是年節時才有，平常就菜乾、瓜仔乾等炒一炒，簡單吃。

隔天，我比前一天更早來到廚房，裏邊靜悄悄地，我鬆了一口氣。

打開米缸，一邊舀著米，一邊盤算著家裏二十幾個人，這一餐要煮多少的量。將米洗乾淨後，拿起一旁的地瓜：「先來煮地瓜粥好了，只不過是地瓜加上米煮一煮，應該難不倒我吧！」我這麼想著。

我左手笨拙地轉著地瓜要削皮，右手拿著菜刀，生澀地一刀、一刀慢慢削，光是削皮就花了好一番工夫。我將「傷痕累累」的地瓜放在砧板上，深深地吸了一口氣，望著手中的菜刀，高高舉起卻只敢輕輕落下，深怕剁到自己的手指頭，沒想到地瓜竟然頑皮地滾啊滾，滾到了地上。

我左右張望，擔心被家人瞧見，趕緊撿起來用水沖洗乾淨，不死心地再揚起手中的菜刀狠狠地往下一剁，這一次果然深深地砍進了地瓜裏……

「哈哈……就說吧，不過是一條地瓜嘛！」我正得意，誰知才要拔起菜刀，它竟然就卡住，連同地瓜一起離開了砧板。

我乾脆順勢雙手緊握刀柄用力往下一剁、再剁，只見地瓜緊黏著手中揮舞的菜刀，在我眼前一上一下，愈卡愈緊。

「哎唷喂啊！怎麼會這樣？再這樣下去，等一下大家起床是要吃什麼？」我左手緊壓著地瓜，右手死命地想拔出菜刀，卻怎麼也拔不起來，急得我滿頭大汗……

忽然從外面傳來一陣笑聲：「阿寬啊！你實在真古錐。你是拿斧頭在劈柴喔？地瓜不是這樣剁的啦！」原來是阿嬤。

阿嬤走到我身旁，接過我手中的菜刀，好笑地說著：「來，你看，這菜刀剁下去後，只要再使勁往外一掰……有嘸？這樣地瓜就開了，接下來再一刀、一刀慢慢切，不能用蠻力啦！你這個都市查某囝仔實在真趣味，哈……」

阿嬤一邊教，一邊靈活地剁著，居然就把地瓜全給切好了，每一塊差不多大小，隨手攏進盤子裏。

我感覺自己的臉發熱漲紅：「阿嬤，你實在真厲害，地瓜切得這麼漂亮，一下子就都切好了，我實在真笨。」

阿嬤安慰著：「免緊張啦！慢慢學，這廚房裏的工作都是熟能生巧，沒有誰是一天就會的，何況你這雙手是醫師手，要幫人接生的。」

「我知道了，多謝阿嬤，我會慢慢學。」我彎下腰，仔細端詳盤子裏的地瓜，打從心底佩服。

超群家是大家族，公公那一輩總共有六大房，傳統的觀念是論輩不論歲，形成一個有趣的現象，像六房的叔叔年紀比他小很多，也要照輩分稱呼。

大家族依然傳襲著男尊女卑的觀念，吃飯時男人先吃，吃飽離開後女人才可以上桌。每次吃飯時間，就是家族全員到齊時。

這麼一大家子的飯，得用專門的特大鍋子先煮好，再換到木製的飯桶內，上頭蓋著一條白色「粿巾」，盛飯時還會熱騰騰地冒煙。

這個飯桶很重，我抱不動，每次用餐完要清洗時，也是一項考驗。幸好這考驗很短暫，我和超群結婚後大約半個月，就依婚前的約定搬下山，不久六房也分家了。

第一次獨立接生

我們從井仔坑老家（今員林市大峰里井仔坑），搬到市區的土地公廟附近（今員林市中正路上）租房子。

剛搬下山沒幾天，還沒開業，我那位當助產士的堂嬸要出國，叫我先去代班一個月，那是我第一次獨立幫人家接生。去到產婦家裏，我先進行內診，剛開始感覺不到什麼，第二次再診斷，哦！有了，子宮口有點開了！我強壓下心中的緊張，不敢讓家屬看出來，否則他們會更緊張。

沒人可以倚靠時，自己就要承擔，以前講習所讀過的書，在腦海中一一浮現，我指揮若定，待子宮口開到四指時，就叫他們家人去燒開水……

孩子順利生下，是個男孩，我用助產士專用的磅秤，勾住包裹著嬰兒的布斤，一量，「有三公斤，很健康，恭喜喔！」產婦家人都很高興，一直對我道謝。

回程我嘴角一路上揚，這可是我第一個接生到世上來的小嬰兒呢！

之後我在租來的房子圍牆上掛起「黃蔡寬助產士」的招牌，正式開業了。

當時附近也有許多助產士，我們又是剛從山裏出來，沒什麼人脈，叫我接生的人較少，加上不久我發現懷孕了，害喜非常嚴重，吐到連膽汁都吐出來了，門也沒辦法出，更無法去接生了。

超群看我胃口不好，特地去買麵線羹回來，我聞到那味道，就直接轉頭。超群有點生氣：「這個很好吃，是我專程買給你的，你怎麼連看都不看！」唉！男人不知道女人害喜的苦，有些東西一聞就吐，光看就怕死了，怎敢再去吃！

但他也有體貼的一面，長女都美出生後，看我忙得團團轉，超群說：「孩子還小，總要有人照顧，你就先不要執業了，等孩子長大再來做。」結果隔兩年長子景堂出生、再隔兩年是次女素美，最後是次子景榮，一連四個孩子，有好幾年的時間，我都沒有辦法回到助產士的本行。

婆婆幫忙坐月子

剛生完都美，婆婆特地從山上下來幫我坐月子。

其實婆婆並不是超群的親生母親，而是公公續絃的。超群和二弟都是大媽生的，大媽過世之後，婆婆帶著她的小兒子一起嫁過來黃家。

一般人的既定印象，「後母」似乎就是惡毒的代表，但婆婆卻是一個很慈祥、很隨和的後母，深具傳統婦女認命、認分的特質。她恪守著為人子媳的本分，總是隨侍在阿嬤身邊，盡心侍奉公婆；也謹守為人妻、人母的職責，照顧公公的生活起居、用心陪伴三個兄弟成長。

而且婆婆行事非常有分寸，從來不插手家族的生意，也不會干預超群他們兄弟的事。我嫁給超群時，她帶來的小兒子剛好是上公學校的年紀，他常拿著書在我身邊跟來跟去，要我教他讀書識字。

看到和自己年紀相差這麼多的小叔，感覺像在教自己的孩子一樣，我教得很開心，也特別有耐心，所以我們感情很好，他一直很尊重我。

我剛生完第一胎，婆婆把平常養的雞帶下山，加上娘家的卡桑那邊養的，還有平時村莊內的喜慶，公婆都有跟人家禮尚往來，我生小孩時大家也拿土雞、腰子當回禮……那陣子吃了數不清的麻油雞酒，實在很「澎湃！」

我知道婆婆平常也愛吃酒，會幫她在飯裏淋上雞酒湯，她吃得很歡喜；夾雞肉給她時，她會客氣地說：「免啦！我吃雞爪、雞翅，就很多了。」

我會說：「這個咬起來卡方便啦。」她聽了更高興了。

婆婆為人真的很好！我打從心底敬愛她。後來的日子幾經變故，也是她一直庇護著我。

二次世界大戰後期，許多物資受到管制，糧食也開始施行配給制度，生活變得很艱困。一九四三年，也就是景堂出生那年，臺灣開始受到美軍等同盟國的空襲，原本只有軍事設施，後來連民宅也成為空襲的目標，人們每天忙者躲空襲警報、跑防空洞，官方也開始將都市的民眾往鄉村疏散。

到了一九四五年，老三素美出生後，為了躲避愈來愈密集的空襲，超群決定帶著我們一家回山上定居。再後來，雖然二次大戰結束，但隨著國民政府遷移來臺，時局依舊一片動盪，我們一直在老家住了七年才離開，老四景榮也是在山上出生的。

這次回去，算是真正要融入大家族的生活了，但我卻還像個新婦一樣，對祖厝的一切感到陌生，我不禁擔心了起來。

搬回去隔日，天才矇矇亮，我趕緊起床梳洗，往廚房的方向快步走去。沒幾步就聞到陣陣香味，鍋碗瓢盆的起落聲，隱約響個不停。

才一踏進廚房，只見婆婆忙得差不多了，大圓餐桌上已擺上地瓜粥和幾盤簡單小菜。我慚愧地說：「卡桑，您都煮好了，歹勢，我睡太晚了。」

婆婆說：「阿寬，你免這麼早起床啦！是我今天卡早醒，我每天做這些習慣了，你以後多睡一會兒，真的不要緊。」

「多謝卡桑。」知道婆婆的疼愛，我更不好意思，趕緊接手善後工作。

「明天一定要比卡桑更早起！」我在心中督促自己。

回到祖厝，我們是和小叔（超群的親二弟）、小嬸一起住，妯娌之間必須輪流分擔家務事。小嬸是山上長大的女孩，自從嫁進門後，家務做得得心應手，我看她這麼能幹，真是自嘆弗如。

想起少女時代，先有手藝靈巧、廚藝一流的卡桑在前，後來又有勤快的大嫂同住，她們捨不得讓我操持家務，卻也讓我錯失了學習和傳承卡桑好手藝的機會。

嫁進山上這個大家族，我才知道原來自己要學的還真不少。例如：山上種有楊桃、荔枝、龍眼等果樹，每次採收完，都需要「落枝」，就是把多餘的樹枝篩剪掉，小叔會將這些樹枝拖回家，大的鋸成一段一段、晒乾當柴火燒，小樹枝就折一折，用芒草捆起來當「草引仔」，一把一把疊放，方便引火、燒柴。

而果園內掉落的樹葉則掃成一堆，用竹籃子挑下山，再用芒草將樹葉包在中間，就成了最好點燃的火種。

這其中，需要細緻功夫的「草引仔」我還不會，都是阿嬤跟婆婆負責綁，我再拿去廚房堆放整齊。凡是我不懂、不會的，婆婆都會默默照看，慢慢教我，從沒看過她生氣或罵人，真是無可挑剔。

汲水、種菜兼養豬

還有另一個讓我傷腦筋的，就是汲水問題。之前不論是二水街區的娘家，或是超群和我租住的員林市區，用水都很方便，但一回到這偏遠的山區，就得去井裏打水，對我來說是截然不同的生活經驗。

第一次，我走到水井邊將木桶往下扔，只見木桶浮在水面上，根本沈不下去。我握住繩了將木桶拉起，再次奮力一拋，木桶還是浮著。一次、兩次、三次……我火氣都快起來了，木桶還是悠然地浮在水面，活像隻在井底嘲笑我的青蛙。

「為什麼別人一下子就成功，難道是我方法不對？」我試著壓下火氣，一邊調整拿水桶的方向，換成正面朝下一丟，它終於沈進去了「原來水桶正面要朝下啊。」哇！我終於學會汲水了。

但到了冬天，井裏的水比較少，常常打不夠，小嬸會到溪邊提水回來。輪到我的時候，也想如法炮製，我肩上擔著扁擔，兩端各掛上一只木桶，要起身時卻被重力給拉住，勉強撐起來，只能像老人般佝僂著身軀走到溪邊。

將兩只水桶都裝到八分滿，肩膀上的重量已壓得我起不了身。把水倒掉一些，還是撐不起來，就這樣愈倒愈少，最後只能擔著不夠用的水回家，途中還體力不支，休息好幾次。

「我根本挑不回溪裏的水，井水又少到木桶沈不下去，該怎麼辦？」我望著水井，看到自己愁容滿面的倒影，不斷地嘆息著。

忽然，我靈機一動，往前測了測水井的高度：「對了，就這麼辦！」

夜深人靜的時候，我坐在窗邊，一邊托著下巴欣賞滿天星光，一邊等著每個房間裏的燭光逐漸暗去。

「家裏的人似乎都睡著了。」我輕輕將窗戶推開縫隙，東瞧西瞧再次確認後，躡手躡腳地走到廚房，把水瓢放進木桶裏提到井邊，輕輕將它們全丟進水井裏，夜裏少人用水，水位高漲不少，我接著跳進去，一瓢、一瓢慢慢將水舀進水桶。

那井其實就比我還高一點，等到水桶快滿了，我手腳並用地爬出水井，再將水桶拉出來，這樣來回個幾趟，廚房裏的水缸終於被我裝滿了。

仰頭看著上弦月，似乎正對著我笑，我回報以一抹微笑，趕緊回到房間躲進溫暖的被窩。就這樣，每到冬天輪我挑水的時候，我就等到夜裏再去井裏取水，這個問題再也難不倒我。

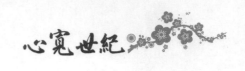

其實每一回遇到難關，總想起出嫁前一晚，卡桑牽著我的手對我說：「阿寬，入別人門風，就得要入境隨俗。」我努力在適應，而孩子出生之後，更體會到何謂「為母則強」，為了家庭、丈夫和孩子，我也學會像卡桑一樣，凡事都能一手包辦，把自己擺在最後頭。

那段時間，超群每天往返山上、山下到自來水公司上班，我則留在家裏專心帶孩子、學家務。看著孩子一天天長大，又不知這動盪的時局何時才結束，我一天到晚都在想：「到底還有什麼方法可以開源節流？」

公公這一代總共有六個兄弟，在這土角厝四合院裏，除了各自居住的房間外，屋後還有一塊農地，切割成六份，由各房的人自己打理。

站在我們這房的農地前，我忍不住發愁：「我從沒做過農，怎麼辦呀？」

「就算不能種出作物去賣，種些自己吃的蔬菜，也可以省下買菜錢。」我點頭想著：「一定會有辦法的。」

看到幾位伯父、伯母在田裏忙，我走向前問：「伯母，你們在種什麼啊？」

「種白菜啊！」伯母回我。

「為什麼大家都種一樣的白菜呢？」我追著問。

「因為種菜要看季節，每一種菜適合生長的季節不一樣啊！」伯母說。

我恍然大悟：「喔，原來是這樣。」

伯父看著我說：「阿寬啊！我們這塊地種白菜、茄子、芥藍菜、菜豆、高麗菜的收成都很不錯喔！」

「哇！可以種這麼多樣喔！伯父、伯母，我沒有種過菜，您們可以教我嗎？」我興奮地問著，想像這些菜全都端上了桌，卡桑和屘婆點頭讚賞，超群和孩子們搶食的模樣……

「你如果想學當然沒問題！」伯母笑著說。

正式下田後，「阿寬啊，要多保留一點空間讓菜長大喔！」伯母不時提醒沒有經驗的我調整腳步。

我彎著腰，學著伯月往後退步走，指尖捻起菜籽，輕輕撒下：「原來，種菜時要往後退著走，才不會踩到已經播下的種子」。

沒幾天，新芽悄悄地冒出頭來，再過幾天，好像又更大了些，我每天忙著澆水、拔除雜草……期待豐收那天。

一次聊天，婆婆無意間提到，有個親戚養的母豬生了一批豬仔，賣掉之後賺了很多錢。

「賣豬仔可以賺很多錢！」我眼睛為之一亮。

回到房間打開抽屜，仔細數著存下來的錢，「這些要買母豬應該沒辦法，但是如果買隻母的小豬仔，應該還夠。」

等我抓著小豬回家，一家人全都好奇地圍了過來。

「阿寬啊！你怎麼買豬仔回來？你會養嗎？」婆婆和屘嬸婆問我。

「我不會啊！但可以問、可以學，把牠養大生了小豬就能賣錢貼補家用。」我笑著說：「養豬的人告訴我豬很好養，我想把菜園裏比較老的菜葉剁一剁，就可以給豬吃了，既不浪費又不用多花錢。」

從這天起，我每天除了種菜，還要剁菜、餵豬，清理豬圈。

小豬好不容易養大，終於可以生育，我們請「牽豬哥」的人牽著豬公來配種。我的運氣非常好，買的這頭母豬很會生，每一胎都生十幾隻小豬，對我們的經濟來說不無小補。

這天，清晨的陽光還不太強，伯母督促著我趕緊起來到菜園採收。

我赤腳踩在鬆軟的土壤上，腳掌馬上陷進一大半。我們一步一步往前連根拔起成熟的葉菜，放到一旁的竹簍。髮絲因汗水黏貼在額頭與雙頰，泥土沾滿我全身，我抬手擦汗時，看著指甲縫裏填滿烏黑的泥巴，忽然想起婚前執意要念助產士的雄心壯志，想起考上助產士、昂頭挺胸和家人分享的那一刻，卻因為戰爭、因為生活壓力，我幾乎快忘了這雙會接生的手……

我愣了一瞬，回過神看到手裏握著剛摘下的白菜，鮮脆得似乎就要滴出水來，在陽光照射下，映照出寶石一樣的嫩黃與翠綠，葉脈清晰無比，那是來自土地的充沛生命力。

「人生不就像種菜一樣嘛！當初退的每一步，都是為了這一刻能夠大步往前，享受另一種生命的豐收。」我釋然地笑了。

經過了生活的磨練，每個人終會蛻變。從助產士到農婦，即使換了另一種姿態，我一樣努力著；我也堅信，不論遇到什麼樣的境況，我都會繼續腳踏實地、昂首闊步地走下去。

樹大分枝

那些年，我忙著持家、帶小孩，超群在外則隨著時代動盪，也歷經了大起大落。

超群是大房的長孫，在那讀書識字的人寥寥可數的時代，他的學經歷是家族最大的榮耀，自成年就掌管整個家族的經濟大權，他的安排和決定，即使連長輩也會遵從。

剛嫁進來時，常常聽到正廳傳來親族的爭執——

「新果園的龍眼明明價錢低品質又好，為什麼不收購？」這頭有人這麼說。

「本來就有長期配合的果園，突然換別家，你叫他滿山的龍眼要怎麼辦？」那頭的人馬上回嘴，雙方爭得面紅耳赤，誰也不肯讓誰。

整個正廳快要掀開時，「超群來了！」有人喊著，大家都安靜下來。

超群不動聲色，聽著長輩你一言、我一語之後，才開始仲裁：「我覺得長期配合的果園，果樹都是老欉，龍眼的甜度比較高，彼此間也相互信任……」他客觀地分析利弊，大家頻頻點頭、心服口服。

遇事冷靜思考、是非分明又有魄力，加上那股臨危不亂、胸有成竹的氣度，彰顯出他的人格特質，更讓人信服。

但是，族人的信任跟倚賴，卻也是他長期揹負的重擔。

他平常在自來水公司上班，家族傳承的蜜餞工廠，就由他二弟製作打理，但整個對外的出入買賣還是要他出面負責；那時，公公他們六人房還沒有分家，幾十口人的經濟也要他張羅，責任很重。

一大家子常有不夠用的情形，找上他就得處理，但他也不過是個領公家薪俸的，有時青黃不接，就得先跟別人借，待薪俸下來再還人家。常常拿到薪俸袋的時候只剩薄薄一點。

我記得很清楚，婚前卡桑交給我一筆錢，要給我嫁過來後買嫁妝用的。

婚後不久，我借他到鹿港去買梳妝臺等家具，結果每一樣他都看不上眼，跟我說：「反正就要搬下山了，以後再買吧。」我同意了。

隔天天一亮，他好聲好氣跟我商量：「一位阿叔外邊需要用到錢，你的錢先借他一下吧！」

我說：「不行啦！這些錢是卡桑要給我辦嫁妝的。」

「你不讓我借阿叔，我會很沒面子，借他讓他周轉一下啦！」他央求著。

我想一想，也是啦！先生在外面行走，如果沒面子不好交代。好吧，就先借他。

後來搬到山下，再提到買嫁妝，超群說：「我們只有兩個人，不需要那些梳妝臺，以後孩子生了再買。」

等小孩出生後，他又說：「孩子還小，用不著。」……

後來他才跟我坦承，那些錢其實不是阿叔要用，而是超群之前為了家族跟人家借的，還完就沒了。

「都沒了！」我心下一涼，這時再生氣也沒用，我沒跟他吵，只是覺得很無奈，也是這時我才真正感覺他不是外人看的那樣風光，要扛起大家族的經濟，其實撐得很辛苦。

但是有一點，如果我要出門，帶小孩去看醫師或是回娘家，他會算大概需要花多少錢，先準備好放在桌上，幫我處理得妥妥貼貼，從不讓我煩惱，也絕不會讓我跟孩子缺衣少食。

二戰結束，國民政府接收臺灣後，局面並沒有穩定下來，通貨膨脹，物價上漲，物資短缺形成一連串惡性循環，直接影響民生，百姓怨聲載道，連帶的公家機關也常常拖欠薪水，導致我們的生活逐漸陷入困境。

約莫在老三素美出生後，有一天超群回來說：「公家頭路吃不飽、餓不死，家裏三、四個孩子，真的難生存。」他突然抬頭看著我：「我想要做生意！」

我不知道這是在跟我商量？還是他已經做好決定？我沒有追問，因為只要是他想做的事，我都支持。不久，他辭去自來水公司的工作，積極投入自家生產的蜜餞生意；結果這成了壓垮他們兄弟情誼的最後一根稻草。

「蜜餞工廠」是公公這房分到的家產，之前二叔長期住在工廠內，負責蜜餞製作與管理，超群加入後，金錢的運用，成為兩人最大的爭執點。

超群在公家機關上過班，人脈較廣，常常會提供當時的局勢跟情報，也因見過的世面多，行事作風上較為敢衝、敢拚。

他想大力擴展生意，將行銷版圖往海外發展；二叔則認為大環境情勢不明朗，應趨向保守，暫待時機。兩兄弟因為看法不同，彼此意見相左，溝通上出現縫隙，言語之間的衝突，終變成不可避免。

再深厚的情感也禁不起一次又一次的傷害，最終，只好以「分家」收場。

「樹大分枝，人大分家」，日治時代家大業大的黃家，在我嫁進來後、公公那一輩的六房分家時，雖然還同住黃家祖厝內，但各房的一天三餐、事業打拚已逐漸各自發揮；而超群他們兄弟再一次分家，似乎宣告了黃家相互依賴的年代正式結束了，轉為各自發展的新局面。

命運波折

但是，逃避或假裝看不見，事情不會真的不見。解決問題唯一的方式，只有「面對」。

婚姻危機

蜜餞工廠是二叔一生的心血，理所當然由他接管，超群借用叔父的住宅地址，新申請一個公司名稱，專做蜜餞買賣的中盤商，準備依照心中的藍圖實現夢想。

他先從東山一位認識的叔父家生產的蜜餞開始試賣，首次試賣獲得當地零售商很好的反應，沒有多久，他開始將生意拓展到海外。

近兩年的時間，超群所有的精力和心思，全放在蜜餞的一進一出、金錢的一來一往之中；視野愈大，膽識愈大，欲望也愈大！他由保守的少量買賣，轉為借貸金錢以大量進貨、壓低成本，並且開始嘗試生產製作。

豐原是知名柑橘產地，超群在當地租了一個三合院當工廠，請工人負責晒乾桔仔，再製成桔仔餅。日復一日，表面看來似乎一切平靜順利，暗地裏卻隱藏著我們婚姻的危機。

超群必須往來老家與豐原之間，我專心在山上持家，並沒有干涉過他，只覺得他回家的間隔好像愈來愈長。一天，一位生意相關的父執輩來找我，躊躇地說：「阿寬，超群那邊有一個女人……」我聽了如青天霹靂！

等他回來時，我質問他這件事，他靜默不語，竟沒有否認。

「你太過分了吧！」我氣憤地流下眼淚，「我嫁給你沒想過要享福，一路跟著你吃苦也無怨言，你竟然這樣對我，太過分了、太過分

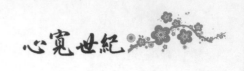

了！」面對我激動的質問，超群垂下頭，卻依舊只是沈默。

傷心加上失望，我不知道怎麼回到房間裏的，更不知道如何度過這生命中的黑夜？

後來，超群面對我總是一副欲言又止，我等不到他的交代，卻又平復不了內心的傷痛，只好選擇漠視與封閉，逃避他愧疚的眼神、逃避他的接近，魂不守舍地一日過一日。

但最終，假裝看不見，事情不會真的不見。解決問題唯一的方式，只有「面對」。

據說這個女孩子，是蜜餞工廠雇請的工人的姪女，很年輕、漂亮，也很善解人意。工廠人手不足，她來幫忙，也順帶照顧超群的衣食起居，就這樣日久生情。

那天，我帶著四個孩子到蜜餞工廠找超群，他們兩人看到我一臉錯愕，我努力假裝鎮定，不透露一點內心的不安，也不斷提醒自己，我不是來大吵大鬧，是來找回我的丈夫、我的婚姻、我孩子們的多桑。

我請超群帶著孩子到街上逛逛，單獨留下我和她。我不知道要如何打破僵局，正思考著要說什麼，只見她低著頭眼淚直流，不安加上緊張，緊握的雙手不停顫抖。

「老闆娘，對不起！我不是故意的，對不起！……」淚流滿面的她，不斷重複說著對不起！

她娓娓道出自己坎坷的人生——年幼時父母雙亡，養父母只是將她當成幫忙賺錢的工具，很小就四處去當童工，沒有權利念書，沒有被疼愛過，只有被欺負的記憶……

唉！在我眼前的，也只是一個命運多舛的可憐女人。或許，超群也是因憐惜而失了分寸。

我小心翼翼問她：「可是我們已經有四個孩子了，原本過得很和樂，你想讓超群娶你當細姨嗎？」四周的空氣瞬間凝結，時間也好像靜止了，我不由得直冒冷汗等著她回答。

她突然情緒失控地大哭：「我一個人的幸福，竟要犧牲別人的家庭來換，我做不到……我是一個養女，比任何人更清楚家的重要，我無法這麼自私，對不起……」淚水伴著愧疚的道歉聲，她不斷重複。

幾天後，聽說她離開了！

一家重新開始

雖然說富貴險中求，但戰亂流離的時代，誰也說不準老天爺的安排，有人乘勢崛起，也有人黯然收場。

做進出口貿易的，很容易受到政局影響，臺灣與大陸之間就是如此。大陸那邊歷經第二次國、共內戰，一九四九年中華民國政府撤退來臺，統治範圍只剩臺、澎、金、馬地區，兩邊的貿易往來逐漸縮減，終至中斷。

當初超群為了壓低成本而囤貨的蜜餞，一箱一箱堆放在倉庫內出不去，更慘的是蜜餞有保存期限，別的賣家開始削價出貨，超群卻捨不得賤賣，四處透過關係打聽情報，想等待局勢好轉的那一天。

事與願違，一個月又一個月過去，等到的是兩岸斷絕關係。那時債主討債更加積極，每個月月初就來催討利息錢，超群沒辦法，在拆東牆、補西壁，一付、一借之間，終於周轉不過，工廠關閉，全部財產轉給債權人相抵，他再次隻身黯然地回到山上來。

超群回來，我們一家算是團聚了，但是生活也重新歸零。他消沈了好長一段日子，整天無事遊蕩，找不到生活目標。

我想著這樣下去不行，我們還得為孩子打算，他們都還在讀書，老大才小學三年級呢！我想起那太久沒派上用場的助產士資格，跟超群商量：「不如我再到員林開業吧？我先開業，你再邊想想看可以做什麼。」超群卻堅持反對，覺得我開業時他沒工作，會變成我在賺錢養他，他大男人的自尊心不允許。

正沒有個結論時，突然，「中醫師執照！」我們不約而同地想到。

他少年時學了十二年漢學又研讀中醫，曾考取中醫師執照，常幫村人義務診脈、開藥單。只是後來入了公家單位，又轉行做生意，這張中醫師執照幾乎被忘記了。

這下子，我們可以一起開業了！有了新的目標和方向，我們歡喜地討論藥櫃櫥的設計、問診的空間……

某天又傳來一個好消息，「阿寬！員林衛生所現在欠缺一位助產士，你要不要去試試看啊？」二水一位當鄉民代表的阿叔，特地來山上告訴我。

「好啊！好啊！」我連忙答應。在我們的漢藥鋪還沒開業之前，我可以先進衛生所上班，有固定的收入，一家六口吃飯就沒問題了。

「等藥鋪整修完成後，超群可以幫人看病、開藥，我們可以重新開始，一切都會愈來愈好。」我開始幻想共同的未來。

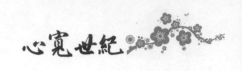

突如其來的打擊

不料，這份未來卻逐漸染上了陰影。早在超群辭掉自來水公司的工作之後，就開始出現咳嗽的毛病，一問，他總是輕描淡寫地回說：「沒事！沒事！」我忙著張羅一家大小的生活，對他習慣性的咳嗽也習以為常。

一九五二年四月，我進入員林衛生所工作，此時，發現超群咳嗽的次數愈來愈密集，咳的時間也愈來愈長。雖然他自行開藥方，抓中藥材回家熬湯藥服用，但情況並未好轉。我只好不斷地說服他改由西醫診治。

「今天衛生所的工作很忙，我剛到職不久，實在是不好意思請假，沒辦法陪你去看醫師了。」那時還沒搬下山，我趕著出門上班，邊穿著外套邊說。

「沒關係！我自己去就好了。」他揮了揮手要我快走。我靜了下看著他，心中浮現一陣不安與愧疚。

他去的是員林一家耳鼻喉科，做完檢查，醫師指著X光片單刀直入地說：「你的肺壞掉一半了，是肺癆！」

超群在工作上，是人人稱羨的公務人員；在學歷上，是飽讀詩書的中醫師，在經歷上，更是大家族的決策者，從小到大被捧在頂端，一路走來自信滿滿，哪禁得起這樣突來的打擊？

醫師對他的病情毫無隱瞞、直接了當地「宣判」，讓他承受不了，整個人變得衰頹、精神不濟，緊接著就一病不起，漸無生氣了。

他開始出現頭痛、頭暈現象，常常吃了東西就吐。看他那麼難受，我也慌了手腳，「我熬粥給你吃好嗎？清淡一點或許比較好入口、好消化。」我輕輕哄著，只要是對他好的，我就會去做。

「主任，我先生病情很嚴重，我想請假一陣子。」到衛生所上班後，我第一次開口請假。

「不行，這段時間很忙，很多要去當兵的人都會來體檢，不能請假。」主任是年輕人，尚無法體諒照顧家人的艱辛。

請不了長假專心照顧超群，又不能辭掉家裏唯一的經濟來源，我只好利用中午休息時間趕回山上，為他熬個稀飯當午餐再趕下山，來回至少要一個多小時，有時工作空檔也會跑回去，一天跑三、四趟是常有的事。

沿途雜貨店的人看我這樣趕來趕去，從不停下來，開始閒言閒語。「你們看超群他老婆，先生病得那麼重了，還每天出門，不在身旁照顧，我看外面一定有了其他人……」

耳語、批評、謠言讓人難過，心裏的苦無處可說，種種壓力讓原本五、六十公斤的我，瞬間消瘦到剩四十幾公斤。但不管別人如何抹黑曲解，我依然每天奔波，只想抓緊一切時間回去看他。

「好消息，有好消息！」我從衛生所趕回家，臉上汗水來不及擦，便直奔到書房，要告訴超群這個天大的好消息。

「我們衛生所新進了一批藥叫『鏈黴素』，聽說有人肺癆注射到好了耶！」我難掩內心的興奮，激動地描述著。

超群卻淡定地坐在書桌前，翻閱著有關肺癆的書籍，一會兒才平靜地說：「明天我會再換別的處方來試試。」他自己是中醫師，一直比較相信中藥，對西藥沒有信心。

「拜託啦，這個新藥聽說很有效耶！不管是西醫還是中醫，我們都試試好嗎？」超群拗不過我，最後答應試試看。

我幫他施打到第二次針劑的時候，卻出現了狀況。「我的耳朵轟轟轟一直叫不停……」他雙手緊緊摀著耳朵，痛苦地蹲在地上皺著眉。

為什麼會變成這樣！我驚慌得不知所措，轉頭就跑回衛生所請教醫師。

醫師說：「他會過敏！這是對鏈黴素過敏反應的症狀。」

「怎麼辦？」我不斷問自己，心裏浮上一層恐懼：「難道希望會變成失望嗎？」

超群拒絕再打鏈黴素。「拜託你啦！就算不為我，也要為我們那四個孩子，再打一次試試好嗎？」不管我如何懇求，他不肯就是不肯。

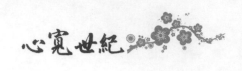

他的堅持讓我更加心疼，因為他知道鏈黴素的價格非常昂貴，他不要這些錢再花在自己身上，而是開始為四個孩子的以後打算。

在他執意下，停止了西藥的注射，改由他自己把脈、開藥方，以中醫方式治療，但病況並沒有好轉。

他開始躲著我們，獨自承受病痛的折磨。

看他躺在紅眠床上，雙手抱著頭，隨著一陣一陣的抽痛，臉上的表情愈來愈痛苦，身體也緊緊蜷縮在一起，卻為了不讓我擔心，緊咬著下唇不敢出聲。

我偷偷站在床尾看著這一幕，心痛到像被撕成碎片一樣，止不住的淚水潸然而下。我知道，除了身體的病苦，他心裏更苦！操勞半生，就是為了讓我和孩子們過上好日子，結果呢，財產沒了，連命也快沒了。他還有滿腹的不甘！氣造化弄人，怨自己的時運不濟！

「拜託！你要活下去，你是四個孩子的多桑，你一定要勇敢活下去。」我內心不停吶喊哀求，又怕哭泣聲讓他聽到，只能用雙手緊緊摀著自己嘴巴……

「這次的薪水比較多哦！我出差有獎金……」中午我趕回山上，為超群熬稀飯，邊煮邊跟他叨叨絮絮日常。

「現在衛生所啊，很多生活用品都有補給，像油啊鹽啊的，我們的生活沒問題啦……」

「今天有個要去當兵的人來抽血檢查，我都還沒碰到他，他就嚇暈過去了……」滔滔不絕地講了很多有趣的事，只為了讓超群安心，他聽了總是露出淡淡的微笑，靜靜地不說話。

不到一個月的時間，他就離開了。

我孩子們的多桑，一直為我擋風遮雨的丈夫，他是個頂天立地、疼惜妻小的男子漢，不論遇到任何困難，都自己一力承擔，從不讓我煩惱。他實在是一個很好、很好的人啊！

可命運弄人，終是無可奈何。

告別老家

超群一九五二年七月離世，出殯那天，天空的雲層，厚得像要壓到人心上。我悲痛到幾乎無法行走，在親族攙扶下，勉強完成家祭。棺木要出門時，細雨紛紛，像似老天爺的淚水，靜靜灑落在黃家四合院，我木然地看著送別的親友，隨著棺木和「引魂幡」一路遠去，漸漸消失在蜿蜒的山路……「超群是真的走了！」我突然警醒，一陣心痛襲來，我終於昏厥過去。

再醒來時，已經躺在紅眠床上。我失神地看著床頂，還辨不清現實，哽咽問：「超群呢？」「他人去叨位？」

在房間看顧我的屘嬸婆，聽到聲音趕緊過來握住我的手，看我失魂落魄的樣子，不捨地說：「人死不能復生，莫一直哭啊！」

我聽不進去，悲傷占據了我的內心，即使闔上雙眼，淚水依然撲簌簌地，沾溼了繡有鴛鴦戲水的枕巾。我不願睜開眼，深怕那舊日的溫存，將離我而去，只剩空白的記憶。

結婚短短十多年，我們竟然連一起陪伴孩子長大的機會都沒有，這樣的結果，我難以承受啊！

尪嬸婆拿手帕幫我擦淚，再次勸慰：「這條路不是超群所願意走的，你一定要想開，不能一直這樣折磨自己啊！」她忍不住嘆氣，喃喃低語，「唉！這麼好的人，怎麼會這樣早走……」

沒多久，又一陣腳步聲來到床前，耳邊傳來婆婆熟悉的聲音：「我們白髮人送黑髮人實在很心痛，但是你四個囝仔擱細漢，需要你照顧，一定要堅強！」婆婆把孩子推到我面前，一針見血地告訴我。

孩子的呼喚，逐漸讓我清醒。是啊！未來還需要我一肩扛起。

我抹去淚水，撐起身子，把孩子們緊緊摟在懷裏，用沙啞的聲音說：「多桑走了，永遠不會回來了，但卡桑會代替他愛你們，好不好？」孩子們乖巧地點頭，死亡對他們而言，還是懵懵懂懂的。

經過多日的沈澱，悲傷恐懼漸漸退去，我知道自己熬過來了。我開始整理超群的遺物，一邊重溫共同經歷的那些喜怒哀樂。

抽屜有他用過的鋼筆、手錶、漢藥書……等，特別的是還有幾張為我懷孕安胎所開的藥帖，上面雋秀的字依稀可見；打開衣櫃，櫃門上結婚時貼的「囍」字猶在，已不見當年的枕邊郎；他所穿過的衣服，整整齊齊吊掛著，一如他做人做事的嚴謹；牆面掛鉤上的幾頂帽子，飄散出他常用的髮油的香味……

整理超群的物品，其實也是在收拾自己的心情；當東西整理完，我也下了決定，要帶著四個失怙的孩子離開山上，告別過去，展開新的未來。

我告訴婆婆想搬到衛生所的宿舍，她臉色沈重地問：「一個查某人帶四個囝仔，有辦法生活嗎？」

我知道她不放心，告訴她：「衛生所每個月都有米、油、鹽的配給，加上月給（薪水）、獎金，應該是夠用，不會餓死啦！」

婆婆聽完後，勉為其難地答應，再三交代：「若有困難就要搬回來，千萬別苦了自己！」

在大廳裏，我點了香，向黃家祖先稟報，正式告別，在婆婆和屘嬸婆的祝福下，牽著四個孩子，毅然踏上一條必須自己面對的道路。

衛生所宿舍

衛生所的宿舍是公家的，只要不另外領宿舍費就能住，也不用租金。我在主任同意下帶著孩子住進去，空間雖然不大，但遮風蔽雨沒問題，我只求一家五口能生活在一起，「簡單」其實也是一種幸福。

宿舍在衛生所的二樓，分成前、後兩區，後面那區用來存放藥品備貨，前面就是我們一家五口的棲身之地。

我請了木工師傅，將住宿的地方再隔成兩間，我們五個人的臥室在後面，前面是客廳兼書房、飯廳的多功能室，孩子可以在這裏寫功課，陽臺則當作簡易的廚房。

雖然有生活物資的配給，但是要張羅的東西還很多，我忙裏忙外，希望趕快安定下來。白天我要上班，孩子們沒地方安置，我設法去附近的員林國小拜託，希望他們的小學跟附設的幼稚園可以讓孩子寄讀。起初他們說小的還太小不行，但了解我的苦衷後，終於答應。

孩子們上學有著落，我也專心投入衛生所的工作，拚命掙錢，常常出門接生到很晚才回來，最大的女兒都美那時國小五年級，得負責煮晚飯。

當時都用焦煤生火煮飯，但需要火種才能點燃，都美剛開始還不會這些，煮到一半火熄了，就只能哭。後來我教她，火種和木柴要放多一點，焦炭燃燒起來，火就會猛了。

所有的孩子，我都訓練要分擔家務——長女都美煮飯，長子景堂擦地板，次女素美洗衣服，最小的景榮就在旁邊看著哥哥姊姊們邊學。如果放學之後，我還在忙，他們就會依分配的工作自動完成。

只是畢竟年紀小，偶爾難免有疏漏。景堂個性較為粗心，有時擦地板敷衍了事，常有飯粒掉在榻榻米上，招引螞蟻。有一天晚上，大家都睡了，「多桑，我的耳朵好痛」！都美忽然驚聲大叫，全家都被嚇醒，我趕緊拿手電筒往她的耳朵一照，有隻螞蟻爬了出來。

「都是景堂啦！擦地板馬馬虎虎，我身上又有煮飯的味道，螞蟻當然找上我啊！」都美生氣地罵弟弟，教訓他以後做事不可以潦草。

又有一次，「卡桑，今天景堂跟素美兩個人吵架，吵到快打起來了。」都美跟我說，「您都不知道，他們平時就常常吵架呢。」

唉，真是傷腦筋，他們的多桑不在，我又分身乏術，幸好失怙的孩子較早懂事，知道卡桑為了扛起這個家，不得不在外面奔波，小吵小鬧之外沒有惹太多麻煩。

過年過節時，我都會利用下班時間綁粽子、搓湯圓、做年糕等，有時做到深夜才完成，不管怎麼累，我盡量維持一個家該有的樣子，希望孩子們有正常的童年。

我一個人照顧四個孩子，不少人來打聽我要不要再嫁？衛生所的同事也說，「你這麼年輕，才三十四歲而已，下半輩子難道不再找個人做伴嗎？」

連娘家的卡桑也來湊上一腳，告訴我：「如果沒辦法生活，就考慮看看吧！」

「不！我不會再嫁。」我毫不猶豫：「不是親生的，別人不會疼惜，我答應過超群，會好好照顧孩子，我若能活，這些孩子就能活！」我堅定的拒絕，換來卡桑一聲嘆息。

其實我知道，卡桑一直對我心懷愧疚，曾說：「當初你不想嫁人，若順你的意、沒有催你就好了，現在也不用孤身一人拖著四個孩子……」可是我從沒後悔，與超群短短的相守，跟孩子的相依為命，都是我人生寶貴的經歷。

回想少女時曾聽人說：「女人是油麻菜籽命！」乍聽之下有著一

絲悲情，那時我不懂，問卡桑，只得到一句簡單的：「等你嫁人就知道了。」

現在我終於明白了，卻更堅信：菜籽雖小，但有堅韌的生命力，能夠隨處落地，生生不息；如果我真是油麻菜籽，也會把風霜化作生命的養分，把哀傷、不幸變成智慧和寬容，絕不向悲情的宿命低頭。

栽培孩子讀書

栽培孩子讀書，是超群臨終前我對他的承諾，再苦也不能犧牲孩子的教育，就算無法比他們的多桑優秀，至少也要能找到穩定的工作，養活自己、組成家庭。

獨撐家計的日子，依稀記起超群會把每天要用的錢放在錢筒內，區分出不同項目──買菜錢、孩子養育費等，我學著他養成記帳、分配收支的習慣，把五毛錢當一塊錢來用，就像那句臺語俗諺：「一個錢，打二十四個結。」

不只薪水要小心分配，如果有獎金、出差費等，也全都要存起來，才能支付四個孩子註冊、繳學雜費。我努力開源節流，靠著雙手不分晝夜接生掙錢，勉強能夠應付生活。

「枝仔冰！買枝仔冰哦！」有一天走在街道上，耳邊傳來熟悉的聲音，怎麼那麼像都美和景堂？不可能吧，他們怎麼會在街上賣冰？

我告訴自己，一定是聽錯了。

「好吃的枝仔冰哦！」叫賣聲愈來愈近，也愈來愈清楚，果然是那兩個孩子！當下我不敢相信自己的眼睛。

被我當場抓到，他們支支吾吾半天，終於低著頭說：「卡桑，您那麼辛苦賺錢，我們也想幫上忙……」他們曾看過街上賣枝仔冰的，好像很好賺，就偷偷計畫去批來賣，不敢讓我知道。

連超群以前的同事也遇過他們，因為對故人孩子的疼惜，把枝仔冰全部買走，讓他們信心倍增，大著膽子繼續賣下去，直到被我發現。

那天晚上，我把他們叫到跟前，正色地說：「我知道你們想幫卡桑多賺點錢，但是現在應該先把書讀好。」「如果為了賺這一點點錢而荒廢學業，將來一定得不償失，我也無法對你們的多桑交代。」我叮囑他們不許再上街賣東西，把心收回到課業上。

大女兒都美從小懂事，個性沈穩，是弟妹們的表率。隨著升學聯考逼近，念國中的她常常挑燈夜戰，我幾次半夜接生完回到家，她還沒休息，有時趴在桌上睡著了，讓我很不捨。

我心中也一直有著隱憂：都美的成績很好，如果讓她去讀高中，日後考大學絕對沒問題，但此時的家境，根本供不起她讀那麼多年。

我掙扎很久，在一個深夜跟她長談，說出我的擔憂。「家裏三個弟妹都還小，這幾年家裏的開銷會很大，你有沒有考慮過選擇職校，畢業後馬上就有工作和收入了？」

都美聽了陷入一陣長考，畢竟這攸關她人生的重大抉擇，我耐心等待著，母女間一時靜默無言。

「沒問題，卡桑！」鏗鏘有力的一句話打破寂靜，讓我放下了心，更多的是欣慰，這孩子懂得為家庭和弟妹打算。

我鼓勵她去考「臺中護理助產職業學校」（國立臺中護理專科學校的前身，二〇一一年又與臺中技術學院合併，成為國立臺中科技大學中護健康學院），擔心她入錯行會遺憾，特別提醒：「這間學校只有兩科，你一定要選『護理科』，以後可以進醫院，工作較穩定；千萬不要選『助產科』，會像卡桑這樣沒日沒夜地在外面忙……」

都美面露微笑地回應：「好！我知道了，我們一起加油！」看著自信的她，我也笑了。

後來她順利念完護校，進到臺中醫院當了四年護理師，又轉調員林高職（今員林家商）擔任護理科老師，一直待到退休。

大兒子景堂，跟姊姊一樣，也為了幫忙家裏而放棄上大學的機會。

他自小個性隨和，有點粗枝大葉，但隨著年紀增長，漸漸有長子的自覺，愈來愈像超群，非常有責任感。

「卡桑，我考上員林高中了！」聯考完，他興高采烈地來向我報訊，我喜憂參半，一方面為他驕傲，一方面開始擔心：「他成績好又那麼想念，再苦都該讓他去的，可是平時已經捉襟見肘了，去哪裏再籌出錢來？……」想起對他們多桑的承諾，最後我還是咬牙答應。

讀了一段時間，有一天他專程等我回來，「卡桑，我想跟您商量一件事。」「我再三考慮過了，我不想再繼續讀下去，因為高中加大學，我要等七年後才能賺錢，家裏的負擔太重了，我不能讓您這麼辛苦。」「我要辦休學，明年重新考職校。」他下定了決心。我原本還有點猶豫，看到他堅毅的眉眼，隱隱有著他多桑的沈穩與定見，也點了頭。這個從小有些隨意的孩子，真的長大了，我肩上的擔子，好像也鬆了些。

休學以後，景堂殷勤苦讀，隔年同時考上臺中高工與臺中師範，考量當時教職員薪資較低，工科學校畢業出路較廣，他毅然選擇臺中高工就讀。畢業、服完兵役後，剛好員林電信局對外招考，他順利考上實習臨時員，也就是實習佐，進入電信局工作，後來又參加內部考試，晉升為正式的技術佐。

一心幫我分擔的他，一段時日又告訴我：「卡桑，我想請調去臺北上班，順便再讀書，有了專科學歷，才有晉升加薪的機會。」他北上之後住在朋友的宿舍，白天上班，晚上去念臺北工專，立下目標要取得高等職員考試的資格，一步步朝自己的理想邁進。

三年的時間，他半工半讀，每個月一千七百多塊錢的薪水，扣掉吃飯、學校花費，剩下的全數交給我，「卡桑一個月賺六百塊，我可以賺到一千多塊呢！」他故意輕鬆地說，只為減輕我對他的擔憂，實在是個很讓人感心的孩子。畢業後，景堂通過公司的升等考試，後來真的如願當了課長。

都美準備聯考那段時日，家事很多落在老三素美身上。心性還不穩定的她，面對做不完的家務，漸漸心生不滿，但我沒料到她竟然故意給我念到留級！

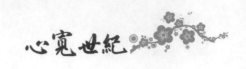

那天我打開信箱，來自學校的通知單，告知我素美留級的消息。「這是怎麼回事？為什麼要交白卷？」面對我的怒氣，她不發一語。「看到這張留級通知單，卡桑心很痛，你知道嗎？」

想起我們這一代，經歷過日本殖民統治，經歷過躲空襲、跑防空洞的日子，熬過戰後的民生凋敝、百廢待舉，我們深刻體會到，要出人頭地只有讀書受教育。

尤其在民風保守、重男輕女的環境下，我何其有幸爭取到讀書機會，擁有助產士的資格，今日才能養活四個孩子。但我的女兒卻不珍惜，我實在想不透！

感受到我的情緒稍稍緩和，她吞吞吐吐地說：「我只是賭氣而已啦！家裏大大小小的事情都丟給我，我又累又做不完啦！阿姊要聯考，可是我也有月考啊！」帶著滿心不平，她在月考考卷上填完名字，故意一個字都不寫，這任性的行為，換來留級的結果。

看著她青澀的臉龐，我心中突然生起一股愧疚，平常忙於衛生所的工作，沒有時間好好關心她，忽略了她已經是十多歲、有自己脾氣的女孩子了。

她帶著天真的語氣說：「乾脆我不要讀書啦！這樣可以全心幫卡桑的忙，不是很好嗎？」

「不可以！現在不讀，等你長大就會怨嘆，到時後悔也來不及！」我語重心長告訴她：「最起碼要讀到高中職，日後才好找工作，只要你有能力讀，卡桑會盡力栽培。」素美點點頭，慢慢把我的話聽進去，她回到學校重讀一年，後來也很爭氣地考上員林高職。

退去年少的懵懂，這些意外的插曲都是成長的養分。

小兒子景榮，每次從學校放學，就愛在我身旁打轉，「卡桑，您在做什麼？」「我跟您說今天……」

我常常忙得沒時間聽他說，「來，這兩毛錢給你，拿去買零食。」拿著我給的錢，他蹦蹦跳跳就跑開，不會再跟前跟後。或許因為從小這樣，讓他養成了比較會亂花錢的習慣。

景榮個性活潑樂天，書讀得不錯，但是考試運比哥哥姊姊們差，員林高中落榜了，考上員林農業職業學校（今員林高級農工職業學校），自小我對他的要求沒像他兄姊那麼嚴，當時就想先讓他去讀一年吧，隔年想重考再說。

沒想到他讀著讀著，讀出興趣來了，加上當時如果成績好，也可以保送到大學，就決定讓他繼續念。一年後，他各科都過了，只有需要「挖土、種植」的實作沒過，無法保送，只好繼續留在學校，改讀畜牧獸醫科。

景榮畢業後，跟著他哥哥去臺北，在電信局當臨時工，後來也考上了正式職員。

我的四個孩子，都很乖巧孝順，凡事不讓我煩憂，我實在很有福氣，也很知足。

回想超群過世那年，我牽著他們下山，心中有著惶恐，不知道未來會怎樣，擔心我一個人帶不好他們，會愧對超群……幸而孩子們都爭氣，我總算沒有辜負當初對他們多桑的承諾。

最感謝的人

獨自扶養孩子的那幾年，除了娘家的卡桑之外，婆婆是我最感謝的人。

剛下山時，我一邊工作、一邊照顧孩子，常常忙到忘記吃飯。一天，一位拎著布包的老太太，來到衛生所門口，我一看不由得瞪大眼睛，驚訝地喊出「卡桑」，竟是婆婆。

她還是不放心，特地下山來探望。看到我每天像顆陀螺不停地轉啊轉，婆婆決定留下來幫忙，最開心的莫過於孩子們了，每天放學就有熱騰騰的飯菜可吃，我的步調也終於可以放慢些，不用每天趕著回家煮飯、洗衣服。

唯一的問題是，宿舍位在衛生所二樓，出入需要上下爬樓梯，不像在山上只要前、後院走動，對於七、八十歲的婆婆來說有點吃力。

意外總是讓人措手不及，有天，婆婆下樓時不小心一個踩空。「啊！」淒厲的尖叫聲，引得我跟衛生所同仁飛奔而來，只見她整個人躺在樓梯轉角的平臺上，現場所有人都嚇壞了。

「卡桑！」我衝上前去，心裏祈求著：不要有事！不要有事！我沒辦法再忍受失去親人了！

「好痛！好痛！」婆婆用手摸著腰，痛到眼淚直流。醫師幫她照射X光後，發現髖關節的骨頭出現裂縫，需要臥床靜養才能復原。

我請醫師開止痛藥，到藥局購買藥布，定時幫她換藥，希望減輕發炎的痛苦。那幾天只要一有空檔就往樓上跑，幫她翻身、擦背。

看著這位善良的老人家，因為憐惜我、捨不得我獨撐家計，遠從山上下來幫忙，卻因這樣而摔傷受苦，我又愧疚又心疼，常常忍不住偷偷落淚。

這天，我幫她裹藥布時，她突然出聲，「阿寬，我想要回去山上！」

「為什麼？」我停下綁繃帶的手。

「我是來照顧你們的，現在反而要讓你照顧我。而且多我一個吃飯就要多一份開銷，只會增加你的壓力。」婆婆到這時，還是一心為我打算！

我強壓下心中的激動與不捨，輕聲勸她：「卡桑，就在這裏靜養吧！你健健康康地來，也要讓你健健康康地回山上才行，不要讓我徒留愧疚。」

婆婆靜默不語，最終還是順應了我的堅持。兩個多月後，她恢復得差不多了，我才放心讓她回山上。

想想這一生，婆婆跟我的緣分非常深，即使超群走了，她依舊時時刻刻顧念著我，幾十年過去，直到現在想起這位長輩，我的心裏還是一片暖烘烘。

難忘的接生經驗

再大的傷痛，隨著時間終會淡忘。我每天親手迎接許許多多嬰兒來到世上，新生命的喜悅，逐漸代替失去至親的悲傷。

臺灣從日本時代到一九七〇年代初，都是由助產士為產婦接生，遇到緊急狀況才找醫師。

鄉下醫療不發達，生孩子其實滿危險的。古早人說：「生得過麻油香，生不過四塊板。」形容婦女生產的高風險，如果生產順利，就能坐月子喝麻油雞酒調養，如果不順利，可能就變成躺在棺材裏了。

孩子出生也不會挑時間，只要有人來叫，即使是半夜，哪怕是颱颱風、做水災，我也要趕緊提著醫藥箱出門；後來國民政府推動計畫生育，助產士也擔負了避孕衛教的工作，人家總是稱我們「先生（せんせい，對醫護人員的尊稱）」。

從講習所畢業、領到自己專用的接生醫藥箱後，身為助產士的使命和責任，深深刻在我腦中，每次接生都全神貫注，期望迎來產婦母子均安的圓滿。

助產士每次出門，不一定都是接生，有時候只是去幫產婦做檢查，但是只要接生回來，一定要將資料詳細登記在衛生所的簿子裏，才能開立出生證明。

產家到衛生所叫助產士接生是免費的，但要額外交十塊錢，讓助產士帶回上繳衛生所，那是包含剪臍帶用的消毒綳帶等材料費。遇到產家很窮，我不忍心收費，會自掏腰包幫他們墊繳規定的錢。

當時的制度是隨時叫，隨時得出門，沒有加班費，也沒有補貼外出的車資。大家都窮的年代，家境好些的家屬會叫計程車，有的只能騎腳踏車來，我就坐在後座讓他們載著趕回去。

為了不讓他們路途奔波及多花費車資，需要時我們會留在產婦家過夜，直到順利生產後才回去。甚至有時剛接生完，回到家已很睏、很累，一看家裏又有人在等，還是得拖著疲憊的身子再度出門，但看見小嬰兒健康出世，所有的辛苦也都值得了。

有天夜裏，輪到我值班，聽見急促的「扣扣扣！」敲門聲，開門一看，一個衣著單薄的男人，帶著他大腹便便的太太站在衛生所前，太太已經快要生了，但是他們沒有錢，孩子出生又不等人，急得不知如何是好。

「沒問題！沒問題！天氣這麼冷，你們穿這樣不行，快帶我去你家。」我匆匆拎著醫藥箱，跟著他們回家，接生的是他們第一個孩子，一個健康的男嬰，夫妻都很高興。

「實在歹勢，我們靠拾荒生活，三餐都吃不飽，真的籌不出十塊錢……」高興過後，男人的眉頭緊皺，再度低聲下氣對我說。

唉！這也是艱苦人啊！「不用煩惱錢，我免費幫你們接生。」我這樣說，他們才真正放下心來，「真是感謝你啊，先生！」

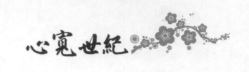

孩子滿月時，他們特地抱來給我看，長得很可愛，我也為他們感到高興。

有次颱風期間，一早又有人來衛生所叫門，「我太太痛了一個晚上還生不出來，請來的鄉下產婆也沒辦法，先生快來幫忙啊！」這人全身都被雨淋溼了，氣喘吁吁，講話上氣不接下氣。

救人要緊，顧不得外面大雨滂沱，我拿起醫藥箱，穿上雨衣，腳踏車也騎不動了，就用走的。一路河水暴漲、險象環生，終於來到他家，我趕忙上去幫產婦檢查，「咦？你還沒有生產的跡象啊，應該再等一個月左右吧！」

「可是，為什麼我的肚子這麼痛……」產婦氣若游絲，已經痛到沒有力氣說話。

「我再仔細檢查看看。」我安撫著她，再三確認後，「這個真的不是生產，是盲腸炎啊！」

產婦一聲哀號：「冤枉喔！難怪我拚一整晚，使盡吃奶的力氣，還是生不出來！」

「你們趕快去看醫師，先治療盲腸炎，一個月後再來找我接生。」我跟她說完，再次冒雨走回衛生所。

有的產婦會發生妊娠中毒，在懷孕二十週以後出現水腫、高血壓、尿蛋白等症狀，嚴重的會引發抽搐、昏迷，甚至死亡；如果懷孕期間都沒做過檢查，很容易發生危險。

有次我被叫到產家，一看產婦水腫很嚴重，喘得也很厲害，我暗暗地心驚，卻還是試圖緩和她的情緒。「放心，慢慢來，我會幫你，不要緊張……」沒想到這時她突然癲癇發作。

「趕快！拿一雙筷子用布巾包起來給我，快……」事發突然，我叫她家人趕快找筷子，用布巾一包、立刻塞進她的嘴裏，以防她咬到舌頭。

「產婦癲癇發作，情況危急，趕快去請醫師過來！」聽我這麼說，她的家人不敢延遲，馬上出門去叫醫師；這時嬰兒的頭也慢慢出來，我想盡辦法先讓嬰兒平安出生，隨即要看顧產婦的安全時，已經來不及了。

「來了來了，醫師來了！」醫師趕來的時候，產婦已經往生，該做的急救都做了，還是沒辦法，唯一慶幸的是嬰兒平安產下。

這個產婦在懷孕期間都沒做過檢查，無法預知危險，也沒有任何預防措施，雖然孩子生下來，母親的生命卻消逝，我心裏久久不能釋懷，常常會想，為何沒能救起來？如果救起來事情就更圓滿了。

身為助產士，常常面對生死關頭，但一方面也能分享產家的喜悅。

印象很深的是，有天一個年輕的田庄人衝到衛生所，大聲喊我的名字：「蔡寬先生！蔡寬先生在嗎？」我一出來，他焦急地說：「我太太快生了，剛剛送到婦產科醫院，又被送回來，拜託你幫個忙到我家接生好嗎？」

我二話不說，拿起醫藥箱跳上他的腳踏車後座，車子馬上向前衝。「怎麼會送到婦產科又被送回家？」一路上我詢問，「如果是難產有危險，還是要送到醫院喔！」

「我太太不是難產，她是小兒麻痺患者，剛剛陣痛送到醫院，但是護士被她的樣子嚇壞了，居然一下子全部跑光！我們不得已才又送回家。」

產婦的姑姑曾經讓我幫忙接生過，在混亂的當下想起我，催促他，「趕快去衛生所找蔡寬，她技術很好，一定沒問題！」

「拜託你一定要幫忙啊，我怕拖太久有危險！」他一路不斷央求，對太太的關心表露無遺。

產婦的家有點遠，腳踏車在石頭路上疾速前進，有幾次顛得我都快掉下來，我一隻手緊抓著椅座，另一隻手緊緊抱住醫藥箱。車子還沒停妥，他拉著我就要衝進產房，「好了、好了，我自己進去，你是查甫人，待在門口等就好，趕快去燒熱水。」我趕緊阻止急昏頭的他。

走近床邊，只聽到產婦不斷深呼吸，夾雜著疼痛的叫聲，一雙蜷曲的手在半空中揮動著，變形的雙腳也因陣痛不時碰撞著床板，我抬頭看向她，想叫她出力，卻看到她的臉側到一旁，舌頭露出了一大半，就懸在嘴巴外頭，非常嚇人。

「難怪醫院那些年輕護士會嚇跑！」我並不感到害怕，只全心專注在幫她生產，這也是一個偉大的媽媽，肚子裏正有一個可愛的小生命急著要來世上呢！

產程相當順利，沒多久就生下了一個白白胖胖的男孩兒。我剪好臍帶、消毒、清潔之後，用一旁的包巾將孩子包裹起來，抱到產婦身旁：「恭喜啊！你生了一個查甫囝仔，四肢健全，非常健康！」產婦眼眶隨即溼潤起來，拚命點著頭道謝。

我讓累著的她先休息，抱著嬰兒出去報喜訊，才一出房門，一家人全圍了過來，看著眉清目秀的男娃兒，喜孜孜地不停向我道謝，小心翼翼輪流抱著嬰孩逗不停。

終於放下心的公公和先生，請我到客廳稍坐喝茶，我環顧這務農的家庭，整理得有條不紊，窗明几淨，忍不住讚歎說：「你們家很整齊、很乾淨喔！」

先生得意地說：「都是我太太整理的，她很勤勞，雖然手腳不方便，但是做起家務來完全不輸給正常人，她把家裏打理得非常舒適。」

「其實，當初媒人介紹的時候，我也不知道她是小兒麻痹啊！」先生說，當時她太太坐在門口，手上編織著草帽，他只偷偷看到她的背影，沒看過她起身走路的樣子，覺得這個女孩子乖乖的很不錯，「像我們這種田庄人家，嫁進來都要跟著操勞的，有人願意嫁就很好了，後來娶進門才發現她有小兒麻痹。但是她真的很賢淑，也沒什麼好嫌的。」先生很滿足地說。

產婦的公公接著誇耀：「我這個媳婦，很有女德也很孝順，之前我生了一場大病，躺在床上起不來，她毫無怨言地照顧我，也不管自己手腳彎彎曲曲不方便，努力要搬動我這個比她高壯的人，想一想，真是感動。」

陽光灑進客廳，照在父子倆微笑感恩的臉龐，令人覺得格外溫馨。「你們真的很有福氣，娶到這麼好的媳婦！」我發自內心恭賀。這人世間缺陷難免，但如他們一家真心疼惜，相互包容，缺陷也可以很圓滿。

一九五九年八月六日傍晚，天空烏雲沈沈，雷聲陣陣，狂風呼呼吹過，路上行人都躲得不見了。我想起長輩說的：「東方雲過西，大水一定來。」心頭有些不安。

晚飯後，在淅瀝嘩啦的雨聲中，我陪著孩子們溫習課業；在衛生所上班沒日沒夜，平時要打針、配藥、做產檢，接生又是隨叫隨到，難得今晚不用出門，我邊整理我的助產醫藥箱，一邊關注著雨勢，希望不要造成太大災情。

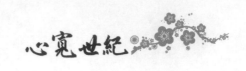

隔天一大早六點不到，就有人來敲門請求接生了。幾個孩子在一旁擔心地說：「卡桑，外面淹水很嚴重，不能等水退嗎？」我說：「人要生了，怎麼可以等呢？一定得去。」我跟著來叫的少年仔出門坐上計程車。

開到番仔崙（今員林市崙雅里一帶），不敢相信前方所見的──大水滾滾，土角厝倒塌、磚造房子淹到只露出屋頂、竹管厝只剩幾根竹子在苦撐……計程車運將面有難色地說：「歹勢啦！前面淹水無法開了，你們要走山路才到得了湖水坑（今員林市湖水里）。」

時間緊迫，我和少年仔穿上雨衣，沿著百果山的小徑盤山過嶺，路上少年仔不時內疚地說：「失禮啦，先生！落雨天讓你這樣奔波。」雨勢大到睜不開眼，雨水直接從脖子和雨衣的縫隙灌進來，溼透的衣服讓我走起路重心不穩，腳一滑差點跌落山谷，還好緊要關頭少年仔扶我一把。

我們加快腳步，一點不敢耽誤，卻還是在山坡下遇到滾滾泥流，無法硬闖，只能先到樹下躲雨，挨著餓直等到下午兩點，水勢稍退了，才踩著崎嶇泥濘的路抵達少年仔的家。

嬰兒已等不及了，在隔壁阿婆的幫忙下斷臍，用響亮的哭聲宣告來到世上。我接手傷口消毒的工作，對一路領我過來的少年仔。我接手傷口消毒的工作，對一路領我過來恭喜：「做爸爸了！要加油哦！」他點點頭靦腆地微笑：「多謝您啦！我會的。」相信經過這一路的風雨考驗，年輕的爸爸將會更成熟，成為守護家庭的勇者。

而這個囝仔的生日，也讓我一輩子記牢牢，那是一九五九年八月七日，八七水災發生的日子。

孩子順利出生的喜悅，讓我忘記來時的危險，我如釋重負走到山腳下，手錶指針已指向下午四點，路上攔了三輪車，車伕知道我一早大膽跑去接生，迫不及待跟我說：「咱彰化這次大水真慘重，聽說已死傷數百人、房厝倒了上萬間……」我一聽大吃一驚，怎會這樣慘重？

一路上看到滿目瘡痍，宛如經過二次大戰轟炸過的情形，許多人站在倒塌的屋子前，滿臉的茫然；還有那失去親人的，痛哭不已。我心中也一陣酸澀，只能趕緊回到孩子身邊，至少我們一家人還平安在一起。

後來才知道，這場連下三天的豪雨，造成臺灣中南部十三縣市重創，受災居民達三十多萬人，全臺死亡人數六百六十七人，失蹤四百零八人，受傷九百四十二人，房屋全倒兩萬七千多間，半倒一萬八千多間，是臺灣戰後影響區域及受災人數最大的災難，這個紀錄直到一九九九年九二一大地震及二〇〇九年八八水災才打破。

精彩晚年

師父開示：「看到飢寒的人給一碗飯吃、給一件衣服禦寒，才是真正的功德。」也就是說，功德是「做」出來的，不是「求」來的。

退休後環遊世界

我們那時代，助產士和醫護人員一般都在六十歲左右退休，但可以選擇自由開業，我做到六十一歲才退下來。退休前幾年，長子景堂娶妻，我們也蓋了新房子，就從宿舍搬出來。此時兒女都已成家立業，我也多了很多空閒時間。

孩子們從小看著我日夜奔波，不願意我太辛苦，要我退休後好好享福。還說以前我每次出門，他們的心就懸在半空中，擔心山上那麼遠、遇到危險怎麼辦？常常整夜擔心得睡不著，直到我回家才安心！

剛退休時，還是會有人來叫，景堂明知我在樓上，卻會背著我跟對方說：「我媽媽出去了！你們趕快找別的助產士，或直接去醫院吧！」推辭久了，找我接生的人就漸漸減少了，那時產婦去醫院生產也很普及，我就完全退下來。

「阿寬，來運動啊！」「早上空氣好，快來活動活動筋骨。」我每天早上去員林百果山運動、跳土風舞，認識了很多新朋友，都會相互打招呼。

「阿寬，我們要去歐洲旅遊，你要不要一起來？」土風舞班的夥伴邀約。我考慮了很久，他們要遊遍歐洲十一國，超過一個月的時間，這麼長，該不該答應呢？

「你這一生這麼辛苦，好不容易孩子都拉拔長大，也該享享清福了。」朋友們極力勸說。我想想確實如此，養兒育女的責任都已完成，應該可以享受一下。「好吧！」答應之後，我心裏有些雀躍，像小時候期盼遠足一樣，期盼著去歐洲各國開開眼界。

第一次出國，搭了二十多個小時的飛機，其實有點累，但是看到人家有名的建築和古城，聽導遊介紹外國人的歷史，欣賞和臺灣不一樣的風光，也是很有趣。團員們對外國的食物都不習慣，只有我胃口很好，什麼都吃，讓大家很羨慕。

有了第一次經驗，接下來十年我到處去，埃及、日本、歐洲、美國、中國大陸……真的是環遊世界走透透。

不知道是不是前世燒好香，還是超群在天之靈有保庇？退休後，兩個兒子搶著要留我在身邊孝順。

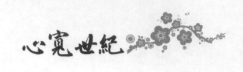

「卡桑，我是長子，您理所當然要住我這裏！」大兒子景堂說完，小兒子景榮也不甘示弱：「卡桑，這不公平啊！您一直都沒有來我彰化這邊住過……」兩個兒子三不五時要上演一場搶母大戲，令我哭笑不得！

「哎呀！你們兄弟不要爭了，讓我左右為難啦！」考量景榮的孩子還小，需要人幫忙看頭看尾，我剛好可以派上用場，讓他們夫妻專心打拚事業，我決定住到彰化小兒子家。最後景堂也同意了，但仍殷切交代弟媳：「不能讓卡桑太累哦！」

退休不到一年，我在依依不捨中，離開住了半輩子的員林，想到年老還能發揮剩餘價值，就像臺灣俚語說的：「歹歹馬也有一步踢（比喻人都有可取之處）」，心態也樂觀了起來，不再那麼不捨。

自此，我在彰化住了二十年，直到八十一歲那年，景堂退休後，才又接我回員林住到現在。

也是在彰化那段時間，我遇到進入慈濟的因緣。

住到彰化後，我每天改到八卦山做運動。一九八八年有天早上，平日常一起運動的江金發居士迎面走過來，眉開眼笑地招呼：「阿寬姊！我跟你說，花蓮有一位師父修得很好，不接受供養，而且都在做好事救艱苦人喔！」

我一聽很好奇，隨口問：「出家人不都是在誦經拜懺而已，也會救人喔？甘有影？」

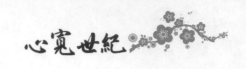

聽我質疑，他並不覺得意外，一副輕鬆地說：「對啊！就是這樣，花蓮的師父可不簡單。」聽他分享慈濟的故事，說到師父「不為自身求安樂，但願眾生得離苦」的慈悲，我感動之餘也不由得心生嚮往。

他繼續說：「花蓮的師父幫助艱苦人，不是一次、兩次，都是長期在照顧，還蓋了不收保證金的醫院呢！」

聽到「長期」兩個字，我心中一動，突然想起過去幫人接生時，遇到貧困的產家，我不忍心收費外，還會自掏腰包買營養品替產婦補身體，產婦常緊緊握住我的手，感激又歉疚地說：「先生！真歹勢！麻煩你又讓你破費。」我總安慰她們：「一點點心意不要放在心上，養好身體後，日子會好起來的！」

其實我十分清楚，我的心意只能稍解燃眉之急，卻無法改變她們生活的困境，畢竟能力有限，這也是我一直以來的遺憾。

現在，聽到有人能「長期」照顧艱苦人，還親力親為每月訪視，為艱苦人蓋醫院；過去我想做卻做不到的事，這位師父竟然能克服重重困難做到了。我眼眶浮上一層淚水，覺得不可思議，這樣悲天憫人的胸襟，應該是菩薩的化身吧！

「阿寬姊？你怎麼恬恬不講話，是不是我剛剛說錯什麼了？」江居士的聲音喚醒沈浸在往事的我。

「沒事、沒事，你再跟我多說說師父的事吧！」我央求。

「『積沙成塔，粒米成籮』，師父的願力需要大夥兒的力量來匯聚。」江居士堅定地說：「我們要跟隨師父的腳步走，希望有更多人加入會員，共同做救人的事。」聽到會員每月量力而為交善款，不在意金額多寡，重點在募心募愛，這是好事啊，我義不容辭地加入了。

那天，江居士送了我一份慈濟月刊，雖是薄薄一張，卻密密麻麻全是捐款人的姓名和金額，有兩元五角、五元、十元……看到這麼完整仔細的徵信作業，連「五角」的小錢都不容許有差錯，覺得這個團體很實在，值得好好推薦其他人知道。

想起四個孝順的孩子，這十年來讓我漸漸養成飯來張口、茶來伸手、花大錢出國旅遊不手軟的習慣，是別人眼裏稱羨的「好命」。現在認識慈濟，怎能再浪費時間和金錢在個人享受呢？我立下決心要重新、從「心」做人了。

這年我七十歲，真正是人生七十才開始。

第一次搭慈濟列車

說起來，我跟佛法也真有緣。早在慈濟之前，我就已接觸佛法三、四年了，並開始茹素。

最早是慧律法師在彰化體育場舉辦三天的演講，我抱著聽聽看的心態去，原以為會「鴨子聽雷」聽不懂，哪裏知道欲罷不能，一連三天都早早去排隊。

法師幽默風趣，說法深入淺出，尤其「發菩提心，提起正念」、「諸惡莫做，眾善奉行」等法語，讓我覺得很受用。回到家特地叫兒子和媳婦載我去道場，請購很多弘法錄音帶回來聽，這是我學佛的起步。

接下來幾年，也參加過許多道場的法會、水懺，但那時對佛法並沒有深入理解，多少帶著做功德、積福報的凡夫心態，人家邀約就跟著去，直到走入慈濟，才真的是一心一志。

學佛之後，或許是慈悲心起來了，想到活生生的動物被殺來吃，實在很殘忍，自然而然就想茹素。一開始家人都反對，「卡桑，您這樣子會造成媳婦很大的困擾耶！人家是要怎麼煮給您吃啊？」兩個女兒直接對我叨念，勸我打消念頭。

為了不造成家人的困擾，我說：「沒問題啦，她們如果不會煮素食，我自己煮也可以啊！」

知道我心意不會改變，媳婦們也很乖巧，剛開始葷食和素食都分開煮，漸漸的，她們想到了：「只要不爆蔥、不爆蒜，改成爆薑，這樣大家都可以吃了。」過了這一道關卡，吃素也就很方便啦。

一九八九年五月，江金發居士滿頭大汗來通知我，「阿寬姊！過幾天有車要去花蓮見師父，要不要一起過去？」也拜託我招呼厝邊親友逗陣來去，讓社會上更多人了解慈濟如何行善救人。

可能是因緣成熟吧，心中有股力量吸引著我回去，我特地找了六位好友一起搭上慈濟列車，也在車上認識彰化第一位委員邱蘭芳。

火車行經靜謐的鄉間小路，映入眼簾的是蓊鬱青山以及優美的田園，農夫忙碌身影的身影時時點綴其中，這就是民情純樸、地靈人傑的花蓮縣新城鄉康樂村。

景物飛逝之際，忽然一陣喧嘩，有人驚喜大喊：「看到了！那棟白白的、灰灰的就是精舍……」我趕忙轉頭望過去，「咦！怎麼沒有看見呢？」原來火車飛快，錯過啦！

抵達後，我們先到大殿前合掌禮佛，看著這棟洗石子外觀的建築，沒有金碧輝煌，也不是氣勢磅薄，卻質樸平實得震懾人心。進到大殿內，只簡單供俸三尊佛像，我左右張望，有點納悶：「奇怪，沒有點光明燈，也沒有功德箱，這樣怎麼讓人添香油錢呢？……」

我滿心疑惑出來，剛好遇到幾位師父迎面走來，汗溼的衣褲，被烈日晒紅的臉，腳上沾滿泥巴的雨鞋，顯然剛從田裏工作回來，謙謙有禮地問候我們：「居士好！大德好！阿彌陀佛！」聲音溫和真摯。

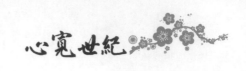

這跟我印象中的出家人完全不同！我心想：去別的寺廟時，人家的師父都穿得整整齊齊出來待客，這裏的師父怎麼這麼特別？卻又讓人感到分外的親切？實在有點想不透。

接下來的參觀，看到師父們在做手工蠟燭，終於明白他們秉持「克己克勤克儉克難」的靜思家風，堅持一日不做、一日不食，再如何粗重吃力的工作都一肩扛起，所以才有這般勞動後的樣貌，才會讓人感到這樣真實，油然生出敬佩。

聽說每個月農曆二十四日精舍慈善發放時，常常要向隔壁普明寺借油借米煮鹹粥，就是不能讓來領物資的艱苦人餓肚子。「好吃好用的，一定留給有困難、需要幫助的民眾。」一位導覽的師父向我們說明，難怪他們呷飯配豆腐乳也甘之如飴。證嚴法師出家前所發的願──「不接受供養」，從未動搖，清修苦行的路也始終如一，讓人肅然起敬！

這次同來的六位友人，感動之餘也全部成為會員，大家認同慈濟理念，愈做愈投入，後來六人之中陸續誕生兩位委員和一位榮董，實在是很好的因緣。

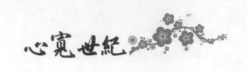

我在一九九二年、七十四歲時，也授證成為慈濟委員，法號「慈員」，兩年後圓滿榮董，這一切都覺得是水到渠成。

師父說過：「有心就不難，有願就有力。」這句話我牢牢記在心底，回到彰化後，我拚命招會員，「親戚五十、朋友六十」都不錯過；若有新的會員出現，第一時間趕緊拿起話筒打給邱蘭芳師姊：「喂，師姊，趕緊來，有信眾要發心入會員喔！」有時候我會跟她開玩笑：「我連半夜做夢都夢到有會員來，夠認真了吧！」這分接引人的歡喜，不可言喻。

而蘭芳師姊不管再忙再累，颳風下雨也一定趕過來填寫資料，深怕一耽擱就讓會員退卻，斷掉別人行善的機會。

除了招會員，我也開始加入慈濟醫院志工的行列。

第一次搭慈濟列車時，就聽過蘭芳師姊分享她每個月回花蓮慈濟醫院擔任志工的見聞，也提及彰化這邊要新成立一組醫療志工去慈院，不再和臺中併在一起，正在招募志工。

那時我曾好奇發問：「醫院志工是要做什麼？」「我們不是醫師，也不是護理員，派得上用場嗎？」

蘭芳師姊很有耐心回答：「很簡單呀！協助醫院做棉球、做紗布、量血壓……這些都可以學的，不用擔心。」

我想到自己在衛生所工作的經歷，又是接生過兩千多名新生兒的助產士，這些應該都難不倒我，馬上舉手說：「我可以試試！」我主動把名字、電話都留給她。後來，原屬中區的彰化，順利地單獨成立志工隊，我也跟著踏上醫療志工之路。

這中間還有一段插曲——

從坐慈濟列車回來後，我一直在等醫療志工的通知，卻好一陣子沒消息。有一天江金發居士跑來說，蘭芳師姊一直在找我，找不到人很著急呢！原來，她這個人很大氣、不拘小節，在火車上抄下我的名字和電話後，紙條不知道放哪裏去了，那時候我們還不熟，她也沒來公園做運動，就這樣錯過了，幸好最後還是有聯絡上。

以前聽人說，去寺廟掃地就有功德，我也曾深信不疑。但是師父開示：「看到飢寒的人給一碗飯吃、給一件衣服禦寒，才是真正的功德。」也就是說，功德是「做」出來的，不是「求」來的。

師父的法語，打破了無數人的迷思，包括我在內，此後，不管是招會員還是當志工，我都秉持著無所求的心念，只想為這個團體多做些什麼。

「阿寬姊！師父明天行腳到臺中，要去聽開示嗎？」

跟江金發居士講完電話，我迫不及待為明天的行程做準備。許多師兄姊都知道我是個師父迷，只要師父行腳到中區，我一定想盡辦法跟隨。

第二天，和幾位師兄姊坐公路局客運，輾轉換車抵達臺中市民權路的慈濟會所。一進門，哇！座無虛席，連走廊都擠滿人潮，還好我白髮皤皤，總能獲得禮讓，就近一睹師父風采。

佛法浩瀚無垠，師父卻能將艱深的佛法轉成貼近生活中的道理，字字珠璣，讓人不由得屏氣凝神，仔細聆聽，深怕一個閃神就錯失珍寶。「唉！師父的法這麼好，如果早點進來慈濟不是更好嗎？」我暗自嘀咕著。

有位歐巴桑舉手問師父：「阮不識字，怎麼學佛呢？」師父回以：「不識字沒關係，懂道理較重要。」輕輕一句話，充滿激勵人心的力量，讓現場許多人茅塞頓開。是啊！佛教經典上密密麻麻的經文，不是只讓我們念而已，而是要去「行」經，在做中體會佛法，以事會理才是真正的修行。

一位面容憔悴的太太，哽咽地訴說先生因意外驟逝，她無法接受而自我封閉，心靈長期陷在痛苦的漩渦中難以自拔。師父慈悲地引導她打開心門：「『前腳走、後腳放』才能前進，過去的事就要放下，將心神專注於當下該做的事；倘若還不斷憶念、執著於過去，如何邁向未來？」

這些話對我又是當頭棒喝！午夜夢迴，我也會自怨自艾，為何這輩子跟夫婿超群的緣分如此短暫？為何無法白首到老？即使那麼多年過去了，那分遺憾仍不時浮現。

「活在當下」四個字，打破了我所有迷惘怨懟，現出一條清晰前路。我淚眼模糊看著前方的師父，心裏忍不住大聲喊著：「其實您懂我的心！」

聽聞佛法，讓我相信因緣果報和眾生共業，知道「萬般帶不去，唯有業隨身」；而人身難得今已得，更要把握時間去實踐「三好」——心存好意、身做好事、口說好話。

歸途上，看著車窗外五光十色的店家招牌，宛如人生走馬燈一一閃過，我靜靜回想今日聽聞的所有法語，同行的師姊見我一直默不作聲，關切地問：「今天坐一整天了，會累嗎？」

「看到師父歡喜都來不及了，當然不累呀！」我笑著回答，雖然這個身體用了七十年，但平常有在運動，加上心中滿滿的法水和感動，一點不疲累。我還要保持硬朗的身心，繼續跟師父學習呢！

運動環保愛地球

清晨的陽光照在八卦山脈上，相思樹林一片翠綠，樹枝上的鳥兒開始鳴叫，松鼠也跑上跑下，像在跟人打招呼，真是美麗的早晨！我深呼吸一口新鮮空氣，開始今天的環保兼運動。

一九八〇年代，隨著臺灣經濟起飛，垃圾量也大幅增加，各地掩埋場無法負荷，縣市之間常爆發垃圾大戰，一堆一堆垃圾被棄置在街頭，造成嚴重的環境汙染，政府只好加蓋焚化爐，但是好像蓋得再多也不夠。其實看起來沒用的垃圾，很多都可以回收再利用，直接丟棄不但浪費資源，也會造成環境問題。

一九九〇年，師父在臺中新民商工演講，鼓勵大眾：「用鼓掌的雙手做環保」，希望從源頭減量，一起來清淨地球。

師父的呼籲深植我心，我立刻展開行動，回家就拉著兩輪的買菜車，從街頭撿到巷尾，開始做回收。

「唉喲，阿寬姊你怎麼了？遇到什麼困難嗎？怎麼在撿這個？」面對鄰居的關心，剛開始還有點不好意思，但想到師父說的「對的事，做就對了。」還是堅持下去。

當時慈濟環保站還沒成立，我把垃圾集中、分類後，拿去賣給舊物商（傳統的回收場），費用就詳實記在一本「專款專用」的簿子上，再捐給慈濟。

想到早上都要去八卦山運動，乾脆利用時間繼續撿。我通常一早四點鐘出門，騎著腳踏車，後座綁個撿垃圾的籃子，騎到八卦山腳下，再步行上山。一邊運動一邊做環保，就像臺灣俚語講的「一兼二顧，摸蛤兼洗褲」，真是一舉兩得。

沿路的垃圾桶就是我的藏寶處，翻攪一陣就能找到瓶瓶罐罐和一大堆紙張；步道階梯上也散布著被隨意亂丟的垃圾，當中很多都可以回收，沒時間抱怨公德心低落了，趕快撿了再說！

正當我彎腰專心撿拾，耳邊突然傳來：「阿婆，你年紀大了，別那麼辛苦，我這裏有六百元，給你拿去用啦！」一位太太的「善舉」讓我哭笑不得，「免啦！我生活沒欠缺，撿垃圾是做功德，要交給慈濟去行善的啦！」謝謝她的好意，不忘宣揚一下師父的理念。

有時候累了，走到樹蔭下休息，遠處傳來人們跳土風舞、唱卡拉OK的聲音，以前我也是其中之一，現在卻覺得心裏更歡喜，或許因為真真正正在付出吧！我摘下手套，看著這雙撿垃圾的手，嗯，和過去接生的雙手沒什麼不同嘛，都是為了理念、為了助人在勞動，不管哪一種，我都感到驕傲。

下山途中，迎面遇到一位議員和他的太太，專程提了一袋寶特瓶來，「阿婆，這些給你，你就不用撿得那麼辛苦了！」他們看我白髮蒼蒼還在做環保，感動又不捨，常常會把自家的回收品拎過來。

這分貼心舉動，給我很大鼓舞，撿個垃圾可以得人疼，又能帶動別人一起響應，我忍不住要挺直腰桿大聲說：「做環保、身體好、沒煩惱！」

後來，劉桂和劉陳秀枝師姊陸續加入，我們成為八卦山快樂環保志工三人組，深深覺得能做就是福氣，大地若健康，眾生就平安。

當然，這其中還是有考驗。

我剛把腳踏車牽入門，放好回收品，在廚房的媳婦馬上喊：「卡桑！可以吃飯了，趕緊去洗手。」

「景榮知道您這陣子很辛苦，特地交代多煮兩樣菜，我從素食食譜上學來的，您快吃看看！」媳婦殷勤招呼我，不知是不是我多心，怎麼覺得她有點緊張？坐在一旁的景榮，卻是神色凝重，不發一語。

最後景榮終於忍不住：「卡桑！慈濟有那麼多工作可以做，別再去撿垃圾好嗎？左右鄰居都笑我是不孝子了！」

唉，這孩子恐怕委屈很久了！我拍拍他的肩，安慰地說：「我這是要助人，不是賣了錢放在自己口袋，別人講什麼都沒要緊！」

我看著景榮和媳婦，「你們兄弟姊妹、媳婦每個都很孝順，卡桑心裏全都知道；人在做天在看，不用在意別人的想法。」一番勸解後，見我心意堅定，兒子和媳婦不忍再反對，最終默默繼續支持我。

對的事果然值得堅持，隨著環保理念在社會上風行，街頭巷尾的鄰居漸漸明白慈濟在做的事，開始主動把回收物送到我家，甚至幫忙撿拾。每到夜幕低垂，我會利用騎樓和走廊進行資源分類，有時難免累得腰痠背痛，卻痛得很值得，慶幸沒有因為別人的誤解而放棄。

即使現在搬回到員林，員林環保站每週二的環保日，我都不會缺席喔！

做志工好處多多

而到花蓮慈濟醫院當志工，是植「健康因」的好機會，更讓人樂此不疲。

志工要學的東西很多，比如到門診及病房要關懷病患，在血壓站要會使用水銀血壓計，服務臺要幫找不到位置的患者帶路……在這裏愈忙愈快樂，身體在動，精神跟著飽滿；頭腦在動，比較不會得老人癡呆。志工這帖良藥真是好處多多，最重要的是還「免費」呢！

有一年當醫療志工，剛好遇到一位外地來的師兄到醫院治療結石，聽他提及震波碎石的過程不會痛，也沒有傷口，觀察後若無不適，很快就能出院。

我同樣有結石的症狀，想想何不乘在這裏時治療？既有值得信任的醫師，也有法親來照顧，一舉兩得。

「醫師！前陣子我在彰化的醫院檢查，發現腎臟好像有結石，可以請你幫我再檢查一下嗎？」當時的泌尿科主任郭漢崇醫師視病如親，問診非常仔細，讓我先去照X光；在看X光片時，又擔心我年紀大、聽不清楚，重要的事項都重複說好幾遍，直到我點頭說懂為止。

「結石看起來沒有很大，如果會不舒服的話，我們先安排做震波碎石好了！」接著他慎重地問：「對了！請問師姑你有跟家裏的人說嗎？」我不以為意地回答：「免啦！我探聽過這沒有什麼，不是躺著『爆』一下下就好了嗎？」

醫師笑著搖頭：「這樣不行啦！雖然不是大手術，還是會有風險，要徵得家屬同意才可以喔！」我只好拿起話筒撥長途電話回家，孩子們一聽，全都趕來了。

醫師很快安排好手術時間，我躺在震波碎石機臺上面，覺得像躺在砧板上的魚，突然有點緊張，可是等了好久，奇怪，怎麼還沒開始？終於等到醫師走過來，他一臉狐疑地說：「師姑！不好意思讓你躺這麼久，可是不知道為什麼，剛剛檢查找不到結石的地方耶……」他又詳細確認一次，結果竟是：「從腎臟沿著輸尿管到膀胱，都沒有發現結石，所以不用手術了！」我從機臺下來，在大家的不可思議中走出手術室。

門一開，蘭芳師姊正帶著景堂兄弟姊妹們在等待，我趕緊把這個好消息告訴他們：「醫師說不用手術！沒結石啦！」孩子們擔憂的神情瞬間轉成驚喜，在虛驚一場後，母子幾個緊緊地擁抱在一起。

蘭芳師姊也滿臉喜色，雙手合十喃喃自語：「真是菩薩保佑啊！」

隨即提議：「既然平安沒事，乘這難得的因緣，大家一起回精舍感恩師父吧！」

回到精舍的大殿，孩子們雙手合十，祈願許久，出來後不約而同說：「我拜託佛祖保佑卡桑身體無恙！」「請佛祖讓卡桑健健康康呷百二歲！」真讓人欣慰。

漫步精舍，和風習習，「卡桑，這裏的師父很親切耶，都會笑瞇瞇打招呼。」「師父耕種的菜園，很青翠喔！」「哇，這樣走走看看，神清氣爽又不會黑白想，難怪您這麼愛來！」

孩子們你一句、我一句說個不停，我跟蘭芳師姊開心得合不攏嘴。感恩這場「結石」的陰錯陽差，讓我們所有家人得以齊聚在花蓮靜思精舍，這樁美事令我終生難忘！

凡夫凡夫，反反覆覆。在菩薩道上，一時懈怠、遇到阻礙在所難免，只要保持樂觀，時刻想起初發心，就能繼續前進。

我常舉早年到醫院當志工的例子：那時剛去，資深的師姊交代，在醫院做任何事，包括與病人互動，都要「用眼睛聽，用耳朵看（察顏觀色，不要被表相迷住，亦即多用心）」，這句話我聽不懂，又不好意思問，心想「時到時擔當，沒米再煮番薯湯」，遇到再說！結果人家叫我幫忙去拿一本急用的書，我邊忙手上工作邊隨口應好，硬是拿錯。

當下羞愧難當，陷入「連小事都辦不好」的自責中，起了不想做志工的念頭。一位師姊看我這樣消沈，點了我一下：「稍微踢到鐵板就退轉，以後如何做下去呢？」語氣並不重，卻讓我回味再三。

是啊！做事是一時，做人才是永遠，我可是發了心立了願，何況「悲傷難過是一天，歡喜快樂也是一天」，幹嘛鑽牛角尖？

凡事多用心，時時正面思考，自然心寬沒煩惱，慈濟之路也可以輕鬆走下去。

智慧判斷與耐心陪伴

除了醫療志工，我也會參加個案訪視。

早期彰化地區提報的個案不多，委員也較少，我們只有一組人在訪視，範圍包含彰化、臺中以及雲林三縣市，濱海最遠到雲林縣臺西鄉，深山則去到臺中、苗栗兩縣的交界；每個月視情況會訪視一到兩次，通常一早五、六點我們就帶著便當出門，個案全部看完、回到家都晚上六、七點了。

「師兄師姊，等一下我們到達案家就分工合作，一人和鄰居聊天、一人跟小孩子說話、我來跟案主談……」當時訪視都是五位訪視員同行，其中有人負責開車，車上就會先討論分工，以利進入狀況。

我們即將前往的案家，位在彰化縣非常偏僻的鄉下，據提報的資料顯示，這對夫婦生養了一大群孩子，沒有房子住，全都擠在貨櫃屋裏生活，處境堪憐……

車子轉進狹窄的農田小徑，行過荒煙漫草，總算見到簡陋的貨櫃屋，很難想像裏面也可以住人。「叩—叩—叩」出來應門的是三個小孩，沒有看到大人。

「小朋友，爸爸媽媽在家嗎？」孩子們搖搖頭。

「他們什麼時候回來？」再次搖頭。

「他們會去哪裏呢？」這次孩子猶豫了下，抬手指向遠處的一間房子，我們帶著疑惑過去，果然在屋子裏遇到他們的父母。

原來案主夫婦弄了一個簡陋的貨櫃屋給孩子住，藉由可憐的假象，到處尋求社會援助，實際上他們在附近已經買了一棟很漂亮的房子。因為小孩子無意間透露，我們才發現真相。

「你們在這裏住得也很好，社會上還有許多艱苦人，我們就把資源讓給更需要的人，好嗎？」我們委婉地拒絕援助，對方也知道理虧而不敢說什麼。這是我印象最深刻的一個案例。

其實慈濟接獲個案提報，都會小心查證，證實確實需要援助後，每月會持續關懷；務求每一份善款都用在對的地方。

還有另一個讓我久久難忘的個案，那是在我七十幾歲、剛做慈濟不久，跟師姊們去訪視的獨居婦人阿善。她把自己關在房裏，不願出來見陽光，過著與世隔絕的生活，還好鄰居心善，經常煮了飯菜放她門口，才不至於餓壞了。

經人通報，我們這一組過去訪視，但她不是不應門，就是罵我們是金光黨，從屋裏扔東西要趕我們走；大家都很怕她，也想不出什麼方法。

我想，她不過小我幾歲，又那麼可憐，無論如何一定要引導她走出來。五位訪視員當中，我住得離她最近，就時常去敲她的門。起初她總是在屋裏大吼：「走開啦！騙子！」我說：「我是阿寬，是好人啦！我想跟你聊天作伴，開門好嗎？」她還是不停地趕我走。

她堅持不開門，我就把帶來的伴手禮放她門外地上，鄰居都跟我說不必白費力氣了，她不跟人講話，總想著別人要來害她。

但我心裏還是掛念著，並沒有放棄，幾次之後，或許對我的聲音有點熟悉了，發現她偶爾會探頭看看我是誰。

「阿善，我是慈濟的阿寬啦！前幾天也有來，我沒有要害你，我們做朋友好不好？我在這裏等你……」這次她不再兇我，而是把窗戶悄悄地打開，過了一會兒，門也開了！我趕緊進去。

阿善雖然脾氣還是壞，總算是接受我了。我上前要牽她的手，但她不肯，「屋子裏黑漆漆，都沒有光線，我把門窗開一點點，你才看得到我，好嗎？」我把窗簾打開，她安安靜靜地靠了過來，我再次牽她的手，她沒有拒絕。

我凝視著她的臉：「你生得這樣莊嚴美麗，讓人看了覺得很歡喜。外面的世界有陽光、有樹、有鳥，有機會可以出去看看，我們沒有做壞事，人家不會害我們的……」

離開前，我跟她說要保重，改天請慈濟師兄姊一起來幫她整理屋子，她點點頭，向我道別。

凡事照步來，也不用說太多，只要陪著她就對了。後來，她愈來愈少對我大吼了，我也漸漸知道，阿善的子女不告而別、離她而去，她傷心過度，心裏生了恨就走不出來，再加上視力不好，看什麼都模模糊糊的，讓她對外人沒有安全感，把家裏關得黑漆漆，更不要說踏出家門了。

那天，我牽著她慢慢走出家門，光線灑落在我們身上，她的眼睛剛開始畏光，「不要緊，站一下就沒事了！」一直到適應了陽光，我們開始在屋外散步，她聽我說以前當助產士的趣事，聽得入迷，繼續在戶外又待了一會兒，才回到屋內。

「你現在有伴了，有什麼事就跟我說，不要緊！」撫著她的手，我也多了一個好姊妹。

之後有一次，我帶她去爬八卦山，交代她坐著等我一下，我去洗手間馬上回來，結果回來竟找不到人了！我四處找、一面呼喊，發現前面有一大群人圍著什麼，一看，竟是阿善坐在地上一直哭。

原來她想找我，眼睛卻看不清楚、路又不熟，直到聽見我的聲音，才趕緊過來抱著我、哭個不停。

我輕拍著她：「我說我會來啊！你怎麼就自己跑掉了？」她淚眼汪汪地說：「你不在我身邊，我真的很害怕……」她把我當作親人般依賴著。

我和阿善互動了兩、三年，後來她也會自己走出家門晒晒太陽了。直到我搬回員林的大兒子家不久，她往生了，才結束這段善緣。

除了醫療志工、環保志工、慈善關懷，我也跟著上街勸捐骨髓。有一回在街上，突然有位中年男子走過來問我：「您是衛生所那位助產士嗎？」我說是，對方滿懷感激地說：「小時候家裏沒錢，媽媽生了一對雙胞胎弟弟，您常常來關心，帶東西來看我們，我還有印象呢，真是感謝您啊！」

「這是本分事，平安就好！」我馬上邀約他把福氣傳出去，一起來抽血建檔，有機會做別人生命中的貴人，就要好好把握，這些善的種子，往往在不知不覺中發芽，讓人意料不到地驚喜。

投入九二一賑災

睡夢中一陣天搖地動，外面傳來鬼哭神號般的轟隆聲，窗戶被擠壓到吱吱作響，我在驚嚇中醒來，還搞不清楚發生什麼事，景堂夫婦穿著睡衣、赤著腳就衝到我房間，驚慌地說：「卡桑！大地震了，快走！」牽著我的手趕緊往門口去。

劇烈的搖晃下，站都站不穩，只能扶著牆壁慢慢挪移，還沒到門口，突然又來個上下震動，我幾乎是跪在地上爬出家門的。

驚恐之中來到戶外，只看到四周一片黑漆漆，連路燈和紅綠燈也不亮了，整條街道人影幢幢，零星幾支手電筒的燈光閃過，鄰居們驚嚇的說話聲和小孩子的哭泣聲不絕於耳，遠處消防車、救護車尖銳的鳴笛聲更令人不安，真是恐怖的一夜！

這天是一九九九年九月二十一日，凌晨一點四十七分發生九二一大地震，是臺灣近百年來最嚴重的自然災害，遠遠超過當年的八七水災，造成兩千四百一十五人死亡，二十九人失蹤，一萬一千三百零五人受傷，十多萬棟房屋全倒、半倒，道路、橋梁、學校等公共設施的毀損不計其數。

當天夜裏，大大小小的餘震不停，嚇得很多人不敢再進屋。或許我年歲大、經歷得多，又明白佛法所說的「世間無常，國土危脆」的道理，很快心就穩下來，淡定地回到屋子內休息；可是心頭一直緊繃著，擔心外面的災情不知道怎樣？整晚無法闔眼。

天亮後，景堂滿臉沈重進來告訴我：「卡桑，靠近國稅局那邊的龍邦富貴名門大樓倒了！聽說好多人埋在底下，還沒救出來！」聽到這不幸的消息，我難過到心揪成一團，當下能做的，就是祈求佛菩薩保佑大家平安。

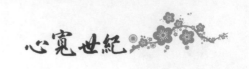

隨即我想到師父說的：「只要手伸得到、腳走得到，哪裏有苦難，慈濟人就往哪裏走。」再也無心留在家裏休息了，換好衣服，聯絡到其他志工，就一起會合前往龍邦大樓湊腳手（幫忙）。

現場怵目驚心！不敢相信原本十六層高的大樓，崩塌到第八樓變成一樓，救難隊人員進進出出，全身煙塵又滿臉疲憊，還是分秒必爭地搶救生命；倉惶逃出的受災民眾，驚魂未定，正焦急地等待失蹤的親人。看著這一幕，我們打起精神、全心全力準備熱食、點心和茶水，至少要做他們的後盾。

每當擔架從瓦礫堆中出現，都令人引頸企盼，如果搶救出來的人生命跡象穩定，家人莫不喜極而泣；如果已經沒有呼吸，又是一場撕心裂肺的痛哭。我紅著眼眶，雙手合十，虔誠祈願：希望傷者早日康復，亡者蒙佛接引往生淨土。

電力恢復後，新聞快報不斷播放：「……中央氣象局公布，這次地震為芮氏規模七點三，震源深度八公里，震央位於南投縣集集鎮附近，持續搖晃一百零二秒，各地傷亡不斷傳出……」一幕幕慘不忍睹的畫面，深深震撼每個人的心。

龍邦大樓的協助告一段落，我馬不停蹄跟著洪美香師姊等人前往震央附近、災情慘重的南投縣埔里鎮。一到就開始動手煮飯，受災鄉親加上救難人員為數眾多，四面八方來幫忙救災的善心人士也不少，用餐時間都是大排長龍，面對絡繹不絕的人潮，必須一直幫忙盛飯、夾菜，雙手沒有停下的一刻。雖然辛苦，但看到大家吃飽、有力氣再去面對災難的挑戰，一切勞累甘之如飴！

災區餘震連連，為了安全，我們晚上暫時無法住室內，就在埔里聯絡處旁的空地搭帳棚棲身，那幾天不時下雨，帳棚內也溼漉漉的，沒有人抱怨一句，全都抓緊時間補眠，因為凌晨三點又要起來為災民煮早飯了。

師父交代，「救難人員若沒有休息，慈濟人也不能休息，要陪伴到最後。」我們都謹記在心，讓人感動的是，許多師兄姊本身也是受災戶，卻依然投入救災行列，將小愛化為大愛。

備餐空檔，我們就去臨時停靈處為罹難者助念，靈堂上擺滿了男女老幼的照片，看了令人鼻酸，只能藉由句句佛號，祝福往生者離苦得樂。

一旁看守的阿兵哥也讓人心疼，小小年紀派駐災區，要協助搶救生命、清理廢墟，甚至要挖掘遺體，忍不住走上前給一個擁抱，希望這分溫暖，可以驅散這些孩子們心中的恐懼及不安。

支援香積的工作結束，我們轉去勘災發放，從南投的竹山、水里，到臺中的大里，挨家挨戶為往生者和房屋全倒的家戶送上急難慰問金，其中不乏有人婉拒，希望將善款轉贈更需要的人，愛與善的循環，為殘破的土地帶來希望。

途中曾遇到一位倖存者，跪在坍塌的房子前大哭，所有家人都罹難了，只剩下她一人。我走過去蹲在她身旁，擁住她，讓她把頭靠在我肩膀上，「哭吧！把所有的痛都哭出來！哭完，我們再繼續往前走！」那一刻，我心中充滿力量，想藉著擁抱傳遞給她。等到她情緒緩和下來，我牽起她的手，送她回到臨時安置所，離別前告訴她：「不要怕！這麼多人在你身旁，你不孤單！」

師父曾用「悲極無言」，形容面對這一場百年大震的心情，繼初期的物資援助後，又呼籲慈濟人投入各地臨時組合屋「大愛村」的興建，希望在冬天來臨之前，讓受災戶有遮風蔽雨的家。短短三個月的時間，全臺十九處大愛村陸續完成。

救災不分年齡，我在邱蘭芳和游陳毛兩位師姊的邀約下，再度由洪美香師姊載著去到竹山，幫忙扛組合屋的鋼架、鋪連鎖磚……雖然我們幾個都上了年紀，盡己所能，還是可以發揮價值。

這場驚世的災難，震碎無數人的心，但也震盪出臺灣人的大愛，

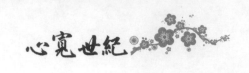

當時災區時時可以見到慈濟志工藍天白雲的身影，用行動，用悲願，為臺灣的復原出力！那美麗的畫面，直到現在還深深存在我腦海裏。

晨起聞法不懈怠

花蓮靜思精舍是慈濟人的心靈故鄉，在這裏，擦肩而過的微笑與問候，都能留下一輩子的溫暖和感動。

每次要回精舍，心情就像天上白雲般的舒緩，獨樂樂不如眾樂樂，有次特地邀約女兒素美一起，母女相伴同行做志工！

那天因為寮房數量不夠，精舍的師父想方設法，利用二樓行政辦公室，把電腦設備和桌椅挪開，沒多久大夥就有容身之處了。在辦公室打地鋪畢竟不如家裏舒適，素美不習慣，悄悄告訴我：「卡桑！地板硬邦邦很難入眠呢，屋內只有一支電風扇，熱得睡不著啦！」

我心中雖然有些不捨，但精舍現實環境就是如此，只能安慰她要隨遇而安。其實師父們平時的生活就是如此刻苦，是我們平日太享受了，想起那句「吃苦了苦，苦盡甘來；享福了福，福盡悲來」，就當作是磨練了。

精舍無時無刻張開雙手，擁抱每一個渴望心靈故鄉的人，如果有機會回來，記得放下所有成見與習氣，一起體會那最真實的感動。

而每當來到慈濟員林聯絡處，心中總有滿滿的感恩。

想起二〇一〇年一月十四日正式成立時，花蓮靜思精舍常住師父遠道來祝福，告訴我們：「師父設置這麼好的地方，如果沒有來薰法香，會辜負師父一番苦心喔！」我時時謹記，不敢懈怠。這裏是匯合十方大德善心，從無到有、眾志成城的莊嚴道場，從此員林的師兄姊要共修聚會都不用遠求了。

我與江素月師姊成為每日薰法香、做早課的最佳搭檔；她非常精進，每天風雨無阻過來接我，初期因為我們必須提早去開門，總是清晨四點就出發。當車子開到員東路，遠遠就可以看到聯絡處外牆上明顯的「佛教慈濟基金會」幾個大字，抵達後我依序開門、開窗透氣，再開始擺椅子，椅子前後左右還要對齊，不能因為時間緊迫就馬虎；

若是在夏天，就先打開電風扇驅散悶熱，讓大家可以清涼一點。

這些看似微不足道的小事，我總是做得非常認真，只希望營造出「家」的感覺。果然，愈來愈多人願意布施時間，讓這個家更好，也凝聚出如家人一般的法親之情。

每天與花蓮精舍同步連線的早課時間，除了經文妙義，更有師父親手整理的手札文句。我因為漢字認識不多，會先照著螢幕的字來抄筆記，來不及抄的就先空著，等結束再問別人。

或許是長期薰法香的緣故吧？我心中時時充滿法喜，腦袋存著正知正見，說出的話自然就是善言良語，別人聽了開心，自己也歡喜。

人家說相由心生，真是這樣，或許看我常笑瞇瞇，這幾年不管走到哪裏，都有人親切地招呼我：「蔡寬菩薩好！」「師姑好久不見，好想你喲！」「師姑，我愛你，我們一起來拍照！」……大家哄得我好像人見人愛一樣，雖然年紀一大把了，還是會忍不住嘴角翹起，心中甜蜜蜜，果然是良言一句三冬暖。

其實，別人看我總是面帶微笑，說話一團和氣，卻不曉得我也曾是個嚴厲的母親，也曾隨心所欲、利口傷人而不自知。多虧師父的法語薰陶，讓我察覺自己的習性，從而有了改變的機會。

素美曾回憶小時候：「卡桑總是不苟言笑，更不會把『愛』掛在嘴邊……」沒想到年輕時的言行，深深影響了素美後來與自己孩子的互動——她很少給予孩子肯定，認為表現好是應該的，遑論說出「我愛你」這樣的話語。

我聽到她的心聲很是震驚，細細回想到底是何時開始忘記了笑容？何時不再輕易把愛說出口？

記憶回到三十四歲那年，超群離世後，有一段時間我陷在悲傷的谷底，幾乎沒有活下去的勇氣，是四個孩子的呼喚拉回了我。然而，守寡的事實和經濟的壓力，逼得我必須更強硬，才能護住這個沒有男主人的家。我開始用不苟言笑武裝自己，漸漸就忘了要怎麼笑了。

母兼父職的歲月，常在深夜對著超群的照片問：我該怎麼管教孩子呢？是像人家說的「棒卜出孝子」嗎？可是打過之後，更痛的是我這個卡桑的心。

但若是放鬆，萬一哪天走岔了，等到別人嘲笑「沒有父親才會變成那樣！」就來不及了，我拿什麼臉去面對黃家祖先？

在日積月累的生活壓力下，我曾因小事，情緒失控地教訓孩子，儘管事後後悔，也以「我是為他們好，將來懂事了，就會了解我的苦心。」來自我安慰，其實也只是自我開脫，師父那句「生氣是短暫的發瘋」，十足描述了我當時的心境。

待到兒子結婚後，我雖不是個苛刻的婆婆，但也不夠寬容。媳婦偶爾沒順我的意，臉色馬上拉下，叨念著：「你第一天嫁過來嗎？連這都不會，媳婦是怎麼當的……」直到她們認錯才罷休。

現在想來，雖自認是為對方好，卻不懂得溫和教導，不就像那句：

「脾氣嘴巴不好，心地再好，也不能算是好人」嘛！簡單的道理，卻是等我踏入慈濟後，才真正明白。

師父的法語，我一聽再聽，許多淺顯的語句，都有大智慧，影響我很深。例如「理直要氣『和』，得理『要』饒人」，讓我學會用溫和化解衝突；「讚歎他人其實是在美化自己」，讓我不再吝於給別人肯定，連「我愛你」三個字也可以琅琅上口了！

時間一久，臉上僵硬的線條不自覺變得柔和，久違的笑容也回來了，心境更開闊。我還記得第一次對媳婦們說出：「辛苦了，感恩！」差點把她們嚇到，現在我和家人的互動更融洽，街坊鄰居很羨慕我們的婆媳關係呢！

活到七、八十歲才認真學做人的道理，實在有點慚愧，但發心永不嫌晚。

勤能補拙

「師姊，我們現在開始要用電子書勸募本，師父說為了環保，將來不再用紙本勸募本，我們這組您的會員最多戶，我們一起去學吧！」九十二歲那年，組長林梅香師姊邀約我。

「我不會電腦，怎麼有辦法學？」我回答。

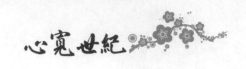

「這個簡單啦！一學就會了。」梅香師姊不放棄，我心想，反正早晚都要學，那就去吧！現在想想，真的是「青瞑毋驚槍（指不知道害怕）！」

「師姊，這臺電子書先給你用，這是開機鍵、再按這裏……」學的時候，我看得眼花撩亂，什麼開機鍵、關機鍵都沒聽過。回到家左思右想覺得不妥，這麼難實在學不會，還是把電子書退還回去吧！

梅香師姊鼓勵我再試試，我又撐了兩、三個月，依舊不行，主要因為我是受日本教育的，漢字認識沒幾個，ㄅㄆㄇㄈ也不會，對電子用品更是完全沒概念，每個按鍵都要硬記，才有辦法用。

沒想到江素月師姊這時已經一直在幫我宣傳：「蔡寬師姊九十幾

歲都在學了，大家怎麼能不學呢？」財務處的師姊也會跟人說，「蔡寬師姊已經在用了喔，大家再試試吧！」其他人就不好意思懈怠了，像蘭芳師姊原本繳回去了，也是再拿回來學。

其實那時我還沒學會呢，江素月師姊這樣一說我有點心虛，但想到如果可以度人，那就該堅持下去。還好我兒子景榮也在學，我不會他就教我；回到員林也可以請教江素月師姊，她真是我的貴人，無論什麼時候找，馬上就過來教，如果沒有她，我恐怕學不會；還有財務處的師姊，也常常被我麻煩一整天，「真抱歉，我又忘記了，接下來要按哪裏啊？……」大家對我都非常包容，就這樣將近一年的時間，我終於學會了。

「大家要認真學、認真問，不要怕不好意思，我就是一直問到會的！」我常用自己的例子鼓勵大家。

每逢歲末年終，我另一項考驗就來了，那就是深入經藏的「歲末祝福」。

我漢字認識不多，經文對我來說已經是艱深難懂，如果還要用手語來呈現，簡直雪上加霜。想到師父對弟子的期待，還是硬著頭皮學。

我拜託人先將「手語示範教學」的影片放在電腦桌面，再依樣畫葫蘆，逐字逐句練習。幾乎每一句都要練上五、六十遍，才有辦法將經文跟手語動作搭配起來。認真學習的態度，比我當年去念助產士還要用功！

有時候辛辛苦苦練到後面，前面的就忘記了，真是挫折又沮喪，只好安慰自己：「唉呀！沒辦法，呷老記憶差。」自我調侃完，從頭再繼續。

有時懊惱到要放棄了，想到師父說的：「大家付出無所求，我無以回報，只能帶大家入法。」這般的悲心，只為成就弟子慧命，放棄的話瞬間說不出口。好吧！勤能補拙，就算記性不好，努力總是真的，別人練兩三次就行，那我練個幾十次、幾百次，總也會行的吧！

當我們正式站上表演臺，真的能夠感受「臺上十分鐘、臺下十年功」那股藏在光鮮背後的磨練和堅持，很高興我做到了！而且靠自己努力得來的成果，特別甜美。

健康長壽祕訣

許多菩薩見我已百歲高齡，卻還能耳聰目明、精神飽滿做慈濟，常好奇我有什麼養生祕訣？

我總笑著回答：「簡單啦！就是生活作息要規律。」我每晚固定九點睡覺，早上四點多起床，薰法香結束回家後，走路到公園運動，八點回家吃早餐，近三十年天天如此。

師父說：「有健康的身體，才能夠做好事。」我謹記在心，並且早早就在奉行。年輕時助產士的訓練，以及在衛生所工作的經歷，讓我特別注重身體保健，報章的養生資訊，我總會多看幾眼，甚至拿筆畫重點，三不五時和別人分享。

俗話說：「樹枯根先竭，人老腳先衰。」所以我很重視走路運動，可以延緩膝蓋退化。老人家常因膝蓋退化，走路卡卡不舒服，就愈不想動，身體其他功能也跟著逐漸退化。

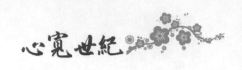

我從來不把「呷老無路用」這句話視為理所當然，看過身邊幾位老朋友因懶得走動，長期窩在家裏，久了就更走不出來，變成等吃、等睡、等子女的「三等公民」，把日子從彩色過成黑白，讓人看了相當無奈，又不知道從何幫起。所以無論寒冬或是酷暑，我仍然堅持每天走路運動。

清晨四點天還沒亮，鬧鐘準時響起，我穿上鞋子、綁好鞋帶，再套上薄外套就出門了。以前住彰化時到八卦山運動兼做環保，回員林後就到百果山，走到公園不過四點半，已經不少人在打太極拳、練外丹功、跳土風舞。

我先走個幾圈熱身，再到公園一角吊單槓。雙手拉著單槓，雙腳稍微離地晃動，讓背部脊椎伸展到有熱氣竄出為止。接著開始拉筋，俗語說「筋長一寸，壽延十年」，就算拉筋過程會丟丟痛（抽痛），我還是不服輸地撐過去，果然，拉完筋後全身氣血通暢，腳不容易痠疼，身體的靈活度也提升了。

養生貴在堅持，每天拉筋三十分鐘的習慣，讓我的身體好像充飽電一樣，更有活力了。

有時遇到二十多年前一起出國旅遊的老朋友，他們會驚歎，「看你都沒什麼改變，氣色紅潤、身體勇健，讓人欣羨啊！」他們還在聊環遊世界的往事，我卻已經跨到大愛繞全球了，忍不住向他們分享慈濟的好，邀約一起做好事。

慶幸活到百歲還能付出，當慈濟志工的歷程，讓我深刻體會到「要活就要動」，身體硬朗，才不會麻煩子女。還要有「活到老，學到老」的精神，腦袋才跟得上時代，不會LKK顧人怨。我的時間常常不夠用，要運動、要當志工、還要學新東西，每天忙得歡歡喜喜，沒有時間唉聲嘆氣啦！

回想當初七十多歲、大家鼓勵我受證委員時，心裏還有些忐忑，都這把年紀了，還能做什麼？親戚朋友也會說，這麼老該享受了，志工不需要你來做啦！那時，我遇到上人的俗家母親王沈月桂女士，師嬤多我四歲，老來卻很活潑，也做了很多慈濟事；她鼓勵我有志工可做就多去參與。我想，師嬤可以，我也可以！終於鼓起勇氣，決定受證。

我不再覺得老了就要「享福」，想起過去環遊世界的日子，還不如把錢存下來做救人的事。我也告訴親友，出來做志工就表示我很健康，哪天不能出來就需要擔心囉，請大家要給我祝福。而我保守、內向的個性，在投入志工後也愈來愈活潑了。

在醫院當志工時，看見很多老年人住院，只剩下呼吸的維持，談不上生命的尊嚴和價值。我年紀這樣大，還可以付出，真的很感恩。

師父說，存五十歲入「壽量寶藏」，用年輕的心態做事，這對我而言是一種鼓勵，不再因年紀大就覺得自己沒路用。算一算我就存了兩個五十歲，現在也只是初生的嬰兒哩！

沒有過不去的事情，只有過不去的心情；時間無情，帶走了我們的青春，時間有情，留給我們的是智慧與豁達。回想年輕時經歷的一切，少時喪父的恐懼，婚姻的磨練，戰亂中的遷移，夫婿離世的殘酷，獨自撫育幼子的艱辛……過去種種，恍如夢中，那些曾讓我痛徹心肺的，終究也慢慢淡去。如今，要把握的是當下，是未來。

七十歲才認識慈濟，因為相見恨晚，我告訴自己更要善用分秒。廣大無垠的慈濟世界裏，即使我只是個小小螺絲釘，也要盡己所能。為了追隨師父的悲心與願力，我去過臺灣最偏僻的角落慰訪濟貧；為了大陸華東水患賑災，走上街頭勸募；我在臺中港碼頭搬過大米，要濟助印尼貧民；去移民署收容所，為移工量血壓；到過監獄，現身說法分享度人……三十年下來，好像做了許多，但還是覺得遠遠不夠。

師父不棄嫌，收我這樣的垂垂老者當弟子，也慶幸自己還能耳聰目明，腳骨勇健不用拿枴杖在當志工，這都是莫大的福報，怎能不繼續把握當下，行善付出！

在慈濟世界，沒有隔閡沒有距離，只有彼此感恩的心。我是彰化地區最年長的委員，大家把我當作寶來呵護，有時怕我累到，不敢分派任務給我，我會主動打電話：「師姊，你們不要看我年紀大，就捨不得讓我做，有勤務一定要跟我說啊！」老年人不該走在年輕人後面，更要快步向前，把握人生愈來愈少的時間「及時行善」。

後來，彰化地區的師兄姊就很喜歡帶我出去當「模特兒」，說我不用開口，光站在那裏，人家看到我白白的頭髮，笑瞇瞇的臉龐，歡喜心就出來了。尤其個案訪視時，常能讓案家卸下心防，盡情傾訴。

想到能為他們苦悶的生命帶來一點點歡欣，就覺得功德無量。

在各項對外宣導活動上，我也被當成「招牌」，原本還會有點不好意思，師兄姊說：「做好事不能只有我們知道，要多多出去說明，才會有更多人願意投入善行。」一想到出來讓人家看一下，布施個微笑，說不定就啟發一顆愛的種子，那當然要出來。只要大家願意聽我分享，我絕對樂意發揮人生的價值，鼓勵大家跟隨師父腳步，分秒不空過、好事做透透！

一路走來遇到的都是貴人，種福田不忘邀我一分，還不嫌煩地載我四處去，我兒子們都說，感謝慈濟幫他們照顧媽媽，讓他們沒有後顧之憂。

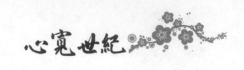

「快樂吃，歡喜笑，健康做，安心睡」是我每日的生活寫照；薰法香、做環保、個案訪視、收功德款……是三十年的堅持；每天每天，日子是那樣充滿感恩，生命減少，慧命卻成長。

我不太去算自己的年紀，但每年兒孫幫我慶祝生日時，總免不了會知道自己幾歲。最近我也感受到身體的退化，太硬的東西開始咬不動了，走路也比較慢、沒有以前俐落。可是我很滿足，活到一百歲，身體退化是自然法則，有一天，這些身體的功能都會慢慢失去，但我沒有遺憾。

我的人生如倒吃甘蔗，漸入佳境，一如我的名字，心寬路更寬。我也發願，要做到最後一天，這是我想跟大家結的好緣，也為這輩子畫上圓滿句點。

黃蔡寬記事年表

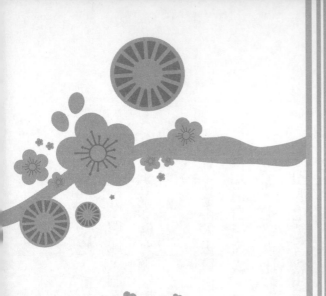

西元	年齡	大事記
1919	一歲	● 7月20日出生於日治時期的臺中州廳員林郡二八水庄（今彰化縣二水鄉）。
1924	六歲	● 父親往生。
1925	七歲	● 開始幫忙家計，協助母親將鳳梨葉抽絲織布。
1928	十歲	● 就讀二八水庄二水公學校（今二水鄉二水國小）。
1934	十六歲	● 國小畢業，以優異成績獲聘於庄內之講習所教授臺胞日語。

年份	年齡	事記
1936	十八歲	● 進入臺灣鳳梨株式會社（今臺鳳公司）擔任會計。
1937	十九歲	● 證嚴法師誕辰。
1938	二十歲	● 前往「臺中產婆講習所」研讀一年。
1939	二十一歲	● 通過檢定考試，取得助產士資格，於講習所老師開設的醫院實習一年。
1940	二十二歲	● 與服務於自來水廠的黃超群結婚。

1941	1943	1945
二十三歲	二十五歲	二十七歲
● 搬到員林街上，到社頭代班一個月，完成首次獨立接生任務。 ● 開設「黃蔡寬助產士」。 ● 長女都美出生。	● 長子景堂出生。	● 次女素美出生。 ● 因戰亂搬回祖厝員林井仔坑（今員林市大峰里井仔坑）。 ● 9月2日第二次世界大戰結束。 ● 10月25日臺灣光復，日治時期結束。

年份	年齡	記事
1948	三十歲	● 次子景榮出生。
1952	三十四歲	● 4月進入員林鎮衛生所擔任助產士。 ● 7月先生因肺結核不幸往生。 ● 搬到員林鎮衛生所宿舍居住，獨力撫育四名幼子。
1959	四十一歲	● 八七水災當日到山上接生，途中經歷大水與路斷，成為難忘的接生經驗。
1966	四十八歲	● 5月14日「佛教克難慈濟功德會」正式成立。
1972	五十四歲	● 花蓮市仁愛街成立「慈濟功德會附設貧民施醫義診所」。

1979	六十一歲	●從職場退休，開始環遊世界十年。 ●搬到彰化與次子景榮同住。
1986	六十八歲	●8月花蓮慈濟醫院落成啟業。
1988	七十歲	●初次聽聞江金發居士講述證嚴法師的故事，並獲贈一份《慈濟月刊》，如獲至寶，當即加入慈濟會員。
1989	七十一歲	●五月首次搭慈濟列車回靜思精舍，結識彰化第一位慈濟委員邱蘭芳師姊。
1990	七十二歲	●加入慈院志工行列，並開始勸募。 ●響應上人呼籲，開始做環保。

1991	七十三歲	● 響應上人呼籲，與彰化委員一起為大陸華東水患賑災展開勸募及義賣。
1992	七十四歲	● 受證為慈濟委員，證嚴上人頒賜法號「慈員」。
1993	七十五歲	● 參與在彰化市八卦山舉辦的慈濟首場大型骨髓資料庫捐贈驗血活動。
1994	七十六歲	● 圓滿慈濟榮董。
1997	七十九歲	● 5月彰化大埔環保站成立，將環保回收資源集中於此。

1999	2000	2001	2002	2003
八十一歲	八十二歲	八十三歲	八十四歲	八十五歲
● 搬回員林與長子景堂同住。 ● 每週二到彰化靜思堂承擔福田志工。	● 8月大林慈濟醫院落成啟業。	● 11月30日慈濟彰化地區成立彰化分會。	● 1月22日彰化靜思堂正式啟用。	● 9月與慈濟志工到臺中港碼頭，搬運大米上船濟助印尼貧民。

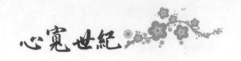

年份	年齡	記事
2004	八十六歲	● 1月30日、8月31日兩次跟隨慈濟志工到臺中港碼頭，搬運大米上船濟助印尼貧民。
2007	八十九歲	● 1月臺中慈濟醫院落成啟業。
2009	九十一歲	● 12月20日與人醫會及慈濟志工前往內政部移民署南投收容所義診。
2010	九十二歲	● 1月14日慈濟彰化員林聯絡處正式成立。 ● 12月參加慈濟彰化分會「電子書勸募本」課程，開始學習使用電子書。

年份	年齡	事蹟
2011	九十三歲	● 慈濟將「紙本勸募本」改為「電子書勸募本」。 ● 8月27、28日，彰化區「法譬如水」經藏演繹於彰化縣體育館舉行，承擔「輕安區」水懺演繹入經藏。 ● 護持長子景堂圓滿慈濟榮董。
2012	九十四歲	● 2月19日參加慈濟基金會資訊處在豐原靜思堂舉辦的資訊研習營，堅持繼續進修電子書。
2013	九十五歲	● 8月3日參加慈濟於員林高中活動中心舉辦的七月吉祥月祈福會，帶領女眾演出《行願》法船。 ● 9月27日帶領慈濟員林聯絡處第一艘女眾行願法船啟航。
2014	九十六歲	● 3月30日參加慈濟基金會資訊處在臺中分會舉辦的「資訊研習營」，並分享心得。

	2015	2016
	九十七歲	九十八歲
● 12月8日參加彰化靜思堂舉辦的全臺第一梯第二場上人授證暨歲末祝福感恩會。	● 7月23日大愛電視臺播出〈大愛人物誌〉節目，報導彰化地區最年長的慈濟志工蔡寬。 ● 11月25～26日彰化靜思堂舉辦歲末祝福，在法海區扮演法船領眾，勇往向前航向彼岸。	● 5月8日參加員林慈濟志工在崇實高工大禮堂舉辦的浴佛大典。 ● 6月5日參加慈濟人精進日清晨虔誠朝山，一字一步朝山的身影，是慈濟最佳人品典範。 ● 於二〇一六年海外培訓委員慈誠研習會分享發心立願與行願的過程。

2017

九十九歲

- 2月1日帶領彰化區弟子，向上人、精舍師父和全球慈濟人拜年，祈願上人常駐世間，靜思弟子立願精進轉法輪，以和供養上人。
- 6月15日慈濟志工到法務部矯正署彰化監獄舉辦愛灑活動，黃蔡寬分享生命美學，衷心祝福同學們開拓全新的人生。
- 7月1日彰化靜思堂舉辦「報答父母勤公益感恩會」，為彰化百歲志工黃蔡寬祝壽，並邀約七十五歲以上的志工及家屬共同慶生。

2018
一百歲
●1月7日彰化靜思堂舉辦慈濟人精進日，抄寫《無量義經》，彰化百歲人瑞黃蔡寬分享抄經心得。 ●6月16日志玄基金會彰化學習中心結業成果展，生命美學課程林義澤老師因病缺席，由黃蔡寬代表，向大眾的關心與祝福表達感恩。 ●11月11日彰化靜思堂舉辦受證超過二十年的慈誠委員感恩茶會，黃蔡寬和藹可親的笑容，是會中最療癒人心的畫面。

傳家系列 006

心寬世紀——時代女性黃蔡寬的故事

編撰／紀淑貞、葛素萍、溫燕雪、楊漢盛
採訪／詹大為、林襄潔、謝玲蘭、葛素萍、紀淑貞、黃玉卿、卜堉慈
聽打／邱明志、吳明土、楊國華、洪雅瑩、賴泳玲、梁毓真、簡淑絲
年表製作／張義雄

創 辦 人／釋證嚴
發 行 人／王端正
平面總監／王志宏
主　　編／陳玫君
企畫編輯／邱淑絹
特約編輯／何貞青
執行編輯／涂慶鐘
校對志工／張勝美
美術編輯／謝舒亞

國家圖書館出版品預行編目（CIP）資料

心寬世紀：時代女性黃蔡寬的故事／
紀淑貞等編撰；詹大為等採訪．-- 初版．--
臺北市：慈濟傳播人文志業基金會，2019.07
304 面；15×21 公分．--（傳家系列；6）
ISBN 978-986-5726-70-6（平裝）
1. 黃蔡寬 2. 臺灣傳記
783.3886　　108011186

出 版 者／慈濟傳播人文志業基金會
地　　址／11259 臺北市北投區立德路 2 號
編輯部電話／02-28989000 分機 2065
客服專線／02-28989991
傳真專線／02-28989993
劃撥帳號／19924552
戶　　名／經典雜誌
製版印刷／新豪華製版印刷股份有限公司
經 銷 商／聯合發行股份有限公司
23145 新北市新店區寶橋路 235 巷 6 弄 6 號 2 樓
電　　話／02-29178022
出版日期／2019 年 7 月初版一刷
定　　價／新臺幣 250 元